G

MUSCULATION

EXERCICES POUR : POITRINE, DOS

Pierre Mazereau

GYMNASTIQUE
et
MUSCULATION

EXERCICES POUR : POITRINE, DOS

ÉDITIONS DE VECCHI S.A.
20, rue de la Trémoille
75008 PARIS

Malgré l'attention portée à la rédaction de cet ouvrage, l'auteur ou son éditeur ne peuvent assumer une quelconque responsabilité du fait des informations proposées (formules, recettes, techniques, etc.) dans le texte.
Il est conseillé, selon les problèmes spécifiques – et souvent uniques – de chaque lecteur, de prendre l'avis de personnes qualifiées pour obtenir les renseignements les plus complets, les plus précis et les plus actuels possible.

Du même auteur aux éditions De Vecchi

Gymnastique et musculation : exercices pour cuisses, hanches, fessiers, 1998
Gymnastique et musculation : exercices pour cou, jambes, abdominaux, lombaires et obliques, 1998
Gymnastique et musculation : exercices pour épaules, bras, 1998

Les photographies qui illustrent cet ouvrage sont de l'auteur

En couverture : photo © Pierre Mazereau

Imprimé en Italie

REMERCIEMENTS

Remerciements particuliers à Nicole Guillet, professeur DE, pour son importante participation aux photos, mais aussi à Patricia David, vice-championne du monde de body-building et directrice du Fitness Club de Lorient, Véronique Deulceux, élève au diplôme d'État des métiers de la forme, Jean-Pierre Fredon, enseignant-chercheur au CREPS de Voiron, Sylvie Lamy, top model, Claudine Sassus, professeur et directrice de l'Anthony's Studio à Paris, Caroline Tonussi, professeur et directrice du club La Cour de Honau à Strasbourg, Christine Dudouit, adepte de fitness, Jean-Marie Castaing, champion du monde de body-building, Joaquim Pinto, adepte de la musculation.

Également un merci particulier aux clubs qui, malgré l'affluence, nous ont permis de réaliser nos photos : l'Anthony's Studio de Paris, le Forme Forest de Chennevières, le Body Line du Perreux, la Cour de Honau de La Wantzenau et le Weider-Gym de Paris.

INTRODUCTION

Cet ouvrage est destiné à présenter pratiquement tous les mouvements existant en culture physique, musculation ou gym athlétique, en précisant les muscles sollicités, leur parfaite exécution, les précautions à prendre, les contre-indications, la respiration ainsi que leur action dans différents sports.

Les exercices de **culture physique**, **fitness** ou **gymnastique** sont exécutés soit à mains libres, soit avec du petit matériel, tel que petits haltères, sangles de caoutchouc, bâtons, barres lestées, haltères pédestres, médecine-balls, step, slide, etc.

Depuis bientôt 10 ans il ne se passe pas une année sans qu'arrive sur le marché un nouveau concept d'entraînement. Forts utiles, ces concepts soutenus commercialement par de grandes marques ont permis de dépoussiérer les anciennes salles de sport et d'apporter un renouveau dans les clubs de remise en forme.

La **musculation** fait appel aux haltères, barres, poulies et machines spécifiques. Là aussi, malgré le temps d'amortissement d'un matériel plus coûteux, des modèles toujours plus perfectionnés arrivent sans cesse sur le marché, obligeant ainsi les clubs à se tenir au goût du jour.

La **gym athlétique** se pratique dans un premier temps uniquement avec le poids du corps qui, par la suite, peut être augmenté avec des charges additionnelles. C'est incontestablement le domaine où les chercheurs se sont le moins investis. Il y a pourtant de très bons résultats avec cette méthode d'exercices dits naturels.

Avant de présenter tous les mouvements possibles existant en renforcement musculaire, il est important de savoir qu'il existe 2 sortes de contraction musculaire.

La **contraction dite volontaire** est la résultante d'une commande du cerveau, nous enjoignant d'exécuter un exercice quel qu'il soit, selon notre désir. Elle représente le pourcentage le plus important de l'entraînement sportif.

Cependant les dernières découvertes des chercheurs ont permis de mettre au point une **contraction dite passive à régime isométrique** créée par électrostimulation. Cette nouvelle méthode d'entraînement est appelée par Jean-Pierre Fredon, un des chercheurs les plus impliqués dans le domaine du sport et de la remise en forme, lipostimulation et électromyostimulation.

L'électromyostimulation permet de travailler à plus de 40 % du maximum des zones corporelles différentes, telles que cuisses + abdominaux + pectoraux, ou encore une chaîne articulaire complète telle que mollets + quadriceps + fessiers.

Il y a également la possibilité d'entraîner 2 athlètes en même temps. Cette nouvelle forme d'entraînement, qui prend de plus en plus d'importance sur le marché de la forme, a sa place dans ce lexique.

Cet ouvrage étant ciblé sur les muscles de la poitrine et du dos, nous y avons inclus des exercices de cardio et d'étirement puisqu'ils sollicitent pratiquement tous les muscles hormis les pectoraux. Pour le travail des dorsaux et des pectoraux, nous avons intégré quelques exercices d'isométrie, technique d'entraînement très prisée actuellement.

APPROCHE BIOMÉCANIQUE

Pour bien comprendre ce dictionnaire une approche biomécanique du mouvement est nécessaire.

• Les mouvements musculaires sont classés en :
– flexion et son antagoniste, l'extension (*montée*) ;
– développé (*répulsion*) et son antagoniste, la traction ;
– abduction (*écarté ou élévation*) et son antagoniste, l'adduction (*rapproché ou serré*) ;
– rotation et circumduction (*cercles*) ;
– immobilisation (*statique et isométrie*).

Les **muscles pectoraux** sont extenseurs et adducteurs : ils sont extenseurs en repoussant une charge par extension des bras, ils sont adducteurs en rapprochant les bras.
Les **muscles dorsaux** travaillent en traction et en adduction : ils travaillent en traction lorsqu'ils amènent au buste, que ce soit dans la position verticale ou horizontale, une charge par flexion des bras. Ils sont adducteurs en rapprochant du corps les bras tendus.

• Il existe 2 phases actives dans l'exécution d'un mouvement :
– la phase concentrique, qui représente la propre exécution du mouvement ;
– la phase excentrique, qui est le retour au point de départ du mouvement.

• Il existe également 2 phases passives pour lesquelles des techniques d'entraînement ont été créées :

PRÉSENTATION DES SPORTS POUR L'ACTION DU MOUVEMENT DANS CHACUNE DES DISCIPLINES

Athlétisme	**Jeux sur court**	**Sports d'hiver**
courses de vitesse, d'endurance, marathon, lancers, sauts, décathlon, pentathlon	badminton, pelote basque, squash, tennis, tennis de table	patinage artistique, patinage de vitesse, ski alpin, bobsleigh
Gymnastique	**Jeux d'équipe**	**Sports équestres**
exercices au sol, anneaux, barre fixe, barres parallèles, cheval d'arçons, haltérophilie, trampoline	basket-ball, football, handball, rugby, volley-ball	trot, galop, trot attelé, saut d'obstacles, dressage, polo
Sports de combat	**Sports nautiques**	**Sports sur roues**
arts martiaux, boxe, escrime, judo, lutte	aviron, canoë-kayak, natation, ski nautique, water-polo	automobile, cyclisme sur piste et sur route, cyclo-cross, VTT, moto-cross, patinage à roulettes

– la contraction statique, qui apporte un plus à l'effort, pendant ou à la suite d'un mouvement ;
– la contraction isométrique, qui consiste à lutter contre une force que l'on ne peut déplacer.

• Les exercices peuvent s'exécuter dans 6 positions différentes :
– debout, buste vertical ou à l'horizontale ;
– assise, buste vertical ;
– en décubitus ventral (*couché sur le ventre*) à plat ou incliné ;
– en décubitus dorsal (*couché sur le dos*) à plat ou incliné ;
– en décubitus latéral (*couché sur le côté*) à plat ou incliné ;
– à genoux.

ÉLECTROMYOSTIMULATION

Cette dernière découverte mise au point par les chercheurs est créée par électrostimulation.
L'**électromyostimulation**, de sa récente appellation, est une **contraction** dite **passive** à **régime isométrique**. C'est une nouvelle méthode d'entraînement qui a été l'objet de nombreuses recherches.
Le professeur Miller, chercheur en biomécanique à l'Institut National des Sports, a remis un rapport sur l'électrostimulation, concluant dans le domaine purement sportif, à une équivalence à la contraction volontaire.
Le professeur Cometti, chercheur à l'UREPS de Dijon, a vanté dans ses différentes conférences les bienfaits de cette nouvelle découverte.
Puis, plus récemment, aidé par une firme française, Jean-Pierre Fredon, un des chercheurs les plus impliqués dans le domaine du sport et de la remise en forme, enseignant au CREPS de Voiron (classé pôle d'excellence), a approfondi les recherches dans ce secteur pour aboutir à de nouvelles techniques qu'il baptise **lipostimulation et électromyostimulation.**
Cette nouvelle forme de travail musculaire qui prend de plus en plus d'importance, tant dans le domaine sportif que sur le marché de la forme, a sa place dans cet ouvrage (photo **1** pour les pectoraux et photo **2** pour les dorsaux).

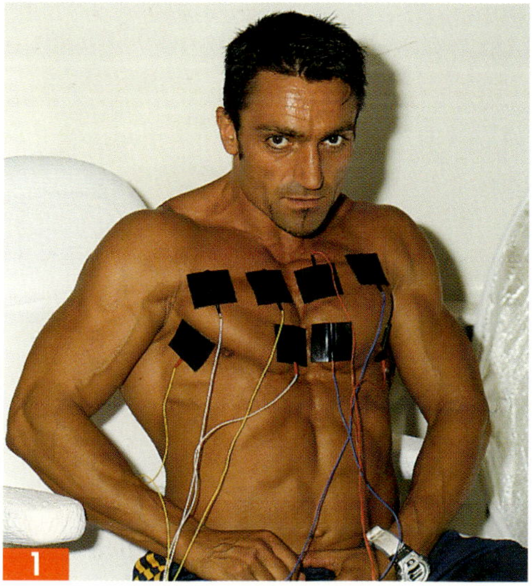
1

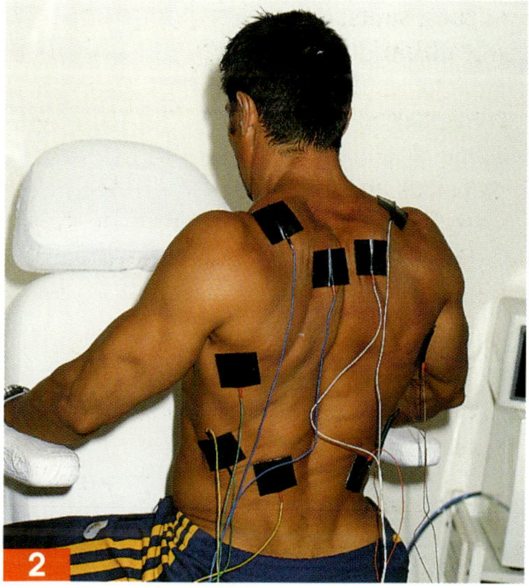
2

PÉDAGOGIE

Le but que je me suis fixé est d'aider à maintenir une bonne santé pour tous.
Pas seulement pour des athlètes mais pour tous les pratiquants de gymnastique et de musculation.

La structure de ce livre est simple. Il s'agit de **présenter de très nombreux mouvements** existant tant en culture physique qu'en musculation et en gymnastique.

L'acquisition de la forme physique et de votre esthétique corporelle dépendent de plusieurs éléments :
- des dessins des musculatures différentes selon les sujets ;
- de la morphologie typée pour chaque athlète ;
- du volume musculaire de chacun ;
- du type d'appareils utilisés ;
- de la demande de chaque pratiquant. Que cherche-t-il ? Gagner en masse musculaire ? Renforcer une partie spécifique du corps en fonction d'un sport bien déterminé ?
- de la réaction organique de chaque athlète à l'entraînement et à la répétition des efforts ;
- du désir de varier l'entraînement en fonction de ses dispositions physiques, à un moment T...

Musculairement, il existe des dominantes : les ectomorphes ; les mésomorphes ; les endomorphes... Mais il est clair que beaucoup d'entre nous ne s'inscrivent pas totalement dans une typologie stricte et que l'on peut être d'un type hybride.
Les photos souvent différentes des sportifs en action vous montreront les grandes variétés corporelles, notamment pendant l'effort.

Par des images montrant de **nombreux athlètes**, vous apprendrez à vous situer par rapport à chacun des exercices. Un homme n'est pas une femme, un petit n'est pas un grand, un body-buildeur n'est pas un gymnaste, un danseur n'est pas un footballeur... Mais tous peuvent – et doivent – faire travailler leur corps. Qui plus est, **il n'y a pas d'exercices réservés** aux plus petits ou aux plus gros, aux femmes ou aux hommes.
Les fiches techniques descriptives montrent qu'**il est possible d'entraîner 2 personnes différentes en même temps. C'est une des raisons pour lesquelles vous trouverez le début d'un exercice illustré par un sportif et la fin par un autre sportif.** Quelquefois même, il y aura différenciation de sexes, entre le début et la fin d'un mouvement.

Je ne souhaite pas que ces fiches soient lues comme des séquences complètes de mouvements *stricto sensu*. Elles doivent vous permettre de constituer **une sorte de dictionnaire de gymnastique** permettant :
- **de mieux comprendre** : la musculation ; la gym athlétique ; le fitness ; le stretching, etc.
- **d'adapter les exercices de musculation et de gymnastique selon votre morphologie et en fonction du sport que vous pratiquez.**

Votre corps possède des muscles, ils vous permettent de vous mouvoir, de varier les postures, de faire du sport et de vous adapter à toutes les circonstances de la vie. En suivant ces lignes directrices – fruit de ma longue expérience –, vous découvrirez **comment entraîner votre corps de façon harmonieuse.**

Les petits carrés, du plus foncé au plus clair, que vous trouverez aux pages suivantes dans les « Sports concernés » symbolisent l'importance du mouvement.

■ signifie « très important »

■ signifie « moyennement important »

■ signifie « relativement important »

PARTICIPATION DES MUSCLES DE LA FACE ANTÉRIEURE ET SUPÉRIEURE DU TRONC

MYOLOGIE

Les pectoraux sont les muscles de la partie antérieure et supérieure du tronc. Ils sont représentés par deux muscles qui couvrent toute la face supérieure du tronc :
– dans la partie la plus profonde du tronc, se trouve **le petit pectoral** composé de trois faisceaux. Ceux-ci s'insèrent en haut sur l'apophyse coracoïde pour rejoindre et se fixer sur les 3e, 4e et 5e côtes (planche **1**) ;
– dans la partie externe, **le grand pectoral** recouvre le petit pectoral. Il se compose de 3 portions : la partie supérieure ou portion claviculaire, la partie inférieure ou portion abdominale et la partie centrale ou portion sternale (planche **1**).

PLANCHE 1 - MUSCLES ANTÉRIEURS DE LA PARTIE SUPÉRIEURE DU TRONC

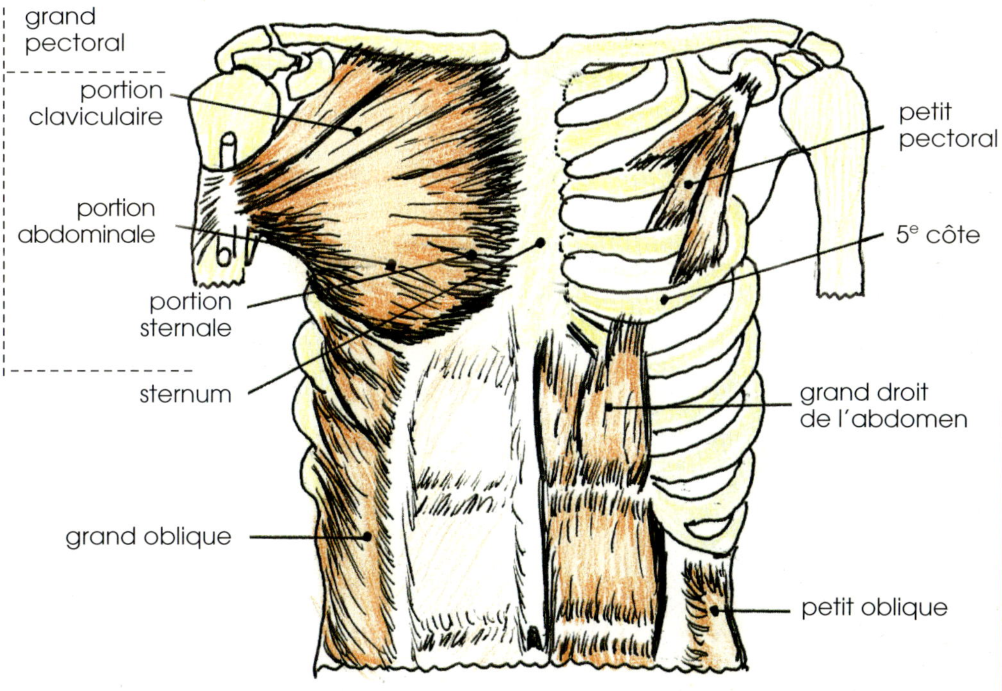

MOUVEMENTS ISOMÉTRIQUES POUR LES PECTORAUX

CONTRACTION ISOMÉTRIQUE EN ADDUCTION LATÉRALE

Modalités d'exécution
À genoux, jambes réunies, face à un objet représentant au minimum une largeur d'épaule (support d'un banc à développé), bras tendus devant le corps, mains sur la face externe des supports, adduction (rapprochement) des bras (photo **3**).

3

Muscles sollicités
L'ensemble des pectoraux, avec une prédominance de la portion sternale.

Respiration
Expirer par la bouche lors de la pression.

SPORTS CONCERNÉS

- Jeux sur court, athlétisme (lancers), sports nautiques (natation et water-polo).
- Gymnastique, sports de combat (boxe et lutte).
- Jeux d'équipe.

CONTRACTION ISOMÉTRIQUE EN DÉVELOPPÉ

Modalités d'exécution
Face à un objet que l'on ne peut déplacer, simulation de développé sur ce point fixe (photo **4**).

Muscles sollicités
L'ensemble des pectoraux, avec une prédominance de la portion abdominale.

Respiration
Expirer par la bouche lors de la pression.

SPORTS CONCERNÉS

- Jeux sur court, athlétisme (lancers), sports nautiques (natation et water-polo).
- Gymnastique, sports de combat (boxe et lutte).
- Jeux d'équipe.

4

CONTRACTION ISOMÉTRIQUE EN ADDUCTION HORIZONTALE

Modalités d'exécution
Debout en position de fente, un point fixe à hauteur des bras tendus horizontalement, adduction (abaissement) de face sur le point fixe (photo **5**).

Muscles sollicités
L'ensemble des pectoraux, avec une prédominance de la portion claviculaire. Sollicite également le grand dorsal, grand rond et grand dentelé.

Respiration
Expirer par la bouche lors de la pression.

5

SPORTS CONCERNÉS

- Jeux sur court, athlétisme (lancers), sports nautiques (natation et water-polo).
- Gymnastique, sports de combat (boxe et lutte).
- Jeux d'équipe.

EXERCICES POUR LES PECTORAUX

FITNESS

RÉPULSIONS AVEC PASSAGE SUR STEP

Modalités d'exécution
En appui facial une main au sol, l'autre sur le step, effectuer une répulsion sur un côté avant de ramener l'autre main sur le step, pour descendre ensuite l'autre main au sol et effectuer une nouvelle répulsion mais sur l'autre côté (photos **6**, **7**, **8** et **9**).

Variantes
Voir les cours spécifiques édités chez les importateurs du step en France.

Précautions et contre-indications
Se référer aux cours spécifiques ou aux stages dispensés par les importateurs.

Muscles sollicités
L'ensemble des pectoraux et le triceps brachial.

Respiration
Rythmer la respiration avec la cadence du mouvement, en vous efforçant d'expirer par la bouche pendant la répulsion (extension des bras).

SPORTS CONCERNÉS

- Jeux sur court, athlétisme (lancers), sports nautiques (natation et water-polo).
- Gymnastique, sports de combat (boxe et lutte).
- Jeux d'équipe.

6

7

8

9

DÉVELOPPÉ COUCHÉ SUR STEP AVEC SANGLE

Modalités d'exécution
En décubitus dorsal (couché sur le dos) sur le step, avec la sangle en caoutchouc raccourcie ou avec deux steps pour augmenter la difficulté du mouvement. Bras fléchis latéralement à l'horizontale avec les poignées dans les mains, développer les bras à la verticale (photos **10** et **11**).

10

11

Variantes

• *Développé incliné avec sangle* (photo **12**) : même mouvement mais en surélevant la partie où repose la tête. Cette fois-ci les pectoraux sont sollicités avec une prédominance de la portion claviculaire.

• *Développé décliné avec sangle* (photo **13**) : même mouvement mais en plaçant la partie où repose la tête au-dessous du niveau du bassin. Les pectoraux sont sollicités avec une prédominance de la portion abdominale.

Muscles sollicités

L'ensemble des pectoraux et le triceps brachial.

Respiration

Expirer par la bouche pendant l'extension des bras.

SPORTS CONCERNÉS

- Jeux sur court, athlétisme (lancers), sports nautiques (natation et water-polo).
- Gymnastique, sports de combat (boxe et lutte).
- Jeux d'équipe.

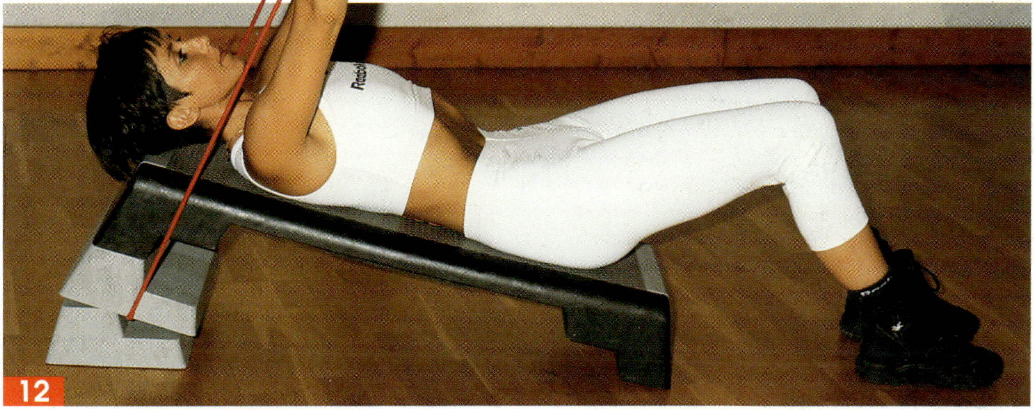

12

13

ÉCARTÉS LATÉRAUX, COUCHÉ SUR STEP AVEC SANGLE

Modalités d'exécution
En décubitus dorsal (couché sur le dos) sur le step, avec la sangle en caoutchouc dans les mains, bras tendus latéralement à l'horizontale. Ramener les bras tendus jusqu'à la verticale (photos **14** et **15**).

Variante
• *Écartés latéraux sur step incliné* (photo **16**) : même mouvement en surélevant la partie où repose la tête. Les pectoraux sont sollicités avec une prédominance de la portion sternale haute.

Muscles sollicités
L'ensemble des pectoraux avec prédominance de la portion sternale.

Respiration
Expirer par la bouche pendant l'adduction des bras.

SPORTS CONCERNÉS

- Jeux sur court, athlétisme (lancers), sports nautiques (natation et water-polo).
- Gymnastique, sports de combat (boxe et lutte).
- Jeux d'équipe.

14

15

16

SUR STEP, ADDUCTION DES BRAS À LA VERTICALE

Modalités d'exécution

À plat dos, bras tendus dans le prolongement du corps, les mains munies des tendeurs, amener les bras à la verticale (photos **17** et **18**).

Muscles sollicités

Les pectoraux dans l'ensemble, mais également le grand dorsal, grand rond et grand dentelé.

Respiration

Expirer par la bouche en amenant les bras à la verticale.

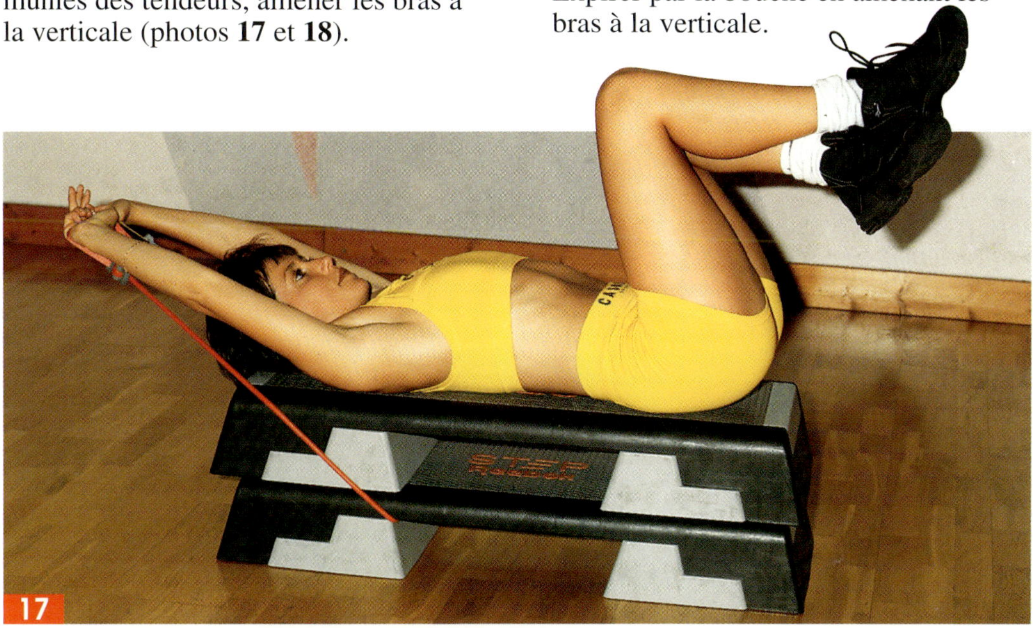

17

SPORTS CONCERNÉS

- Jeux sur court, athlétisme (lancers), sports nautiques (natation et water-polo).
- Gymnastique, sports de combat (boxe et lutte).
- Jeux d'équipe.

18

SUR STEP, DÉVELOPPÉ COUCHÉ AVEC PETITS HALTÈRES

Modalités d'exécution
À plat dos sur le step, bras fléchis avec petits haltères en mains, développer les bras à la verticale (photos **19** et **20**).

Variantes
• *Développé incliné avec haltères* (photo **21**) : même mouvement que le précédent mais en surélevant la partie où repose la tête. Les pectoraux sont sollicités avec une prédominance de la portion claviculaire.
• *Développé décliné avec haltères* (photo **22**) : même mouvement que le précédent mais en plaçant la partie où repose la tête au-dessous du niveau du bassin.

Muscles sollicités
L'ensemble des pectoraux et le triceps brachial.

Respiration
Expirer par la bouche pendant l'extension des bras.

19

20

21

SPORTS CONCERNÉS

- Jeux sur court, athlétisme (lancers), sports nautiques (natation et water-polo).
- Gymnastique, sports de combat (boxe et lutte).
- Jeux d'équipe.

22

COUCHÉ, ÉCARTÉS LATÉRAUX AVEC HALTÈRES

Modalités d'exécution
En décubitus dorsal (couché sur le dos) sur le step, une paire d'haltères en mains, bras tendus latéralement à l'horizontale. Ramener les bras tendus jusqu'à la verticale (photos **23** et **24**).

Variante
• *Couché incliné, écartés latéraux avec haltères* (photo **25**) : même mouvement que le précédent mais en surélevant la partie où repose la tête. Les pectoraux sont sollicités avec une prédominance de la portion sternale haute.

Muscles sollicités
L'ensemble des pectoraux avec prédominance de la portion sternale.

Respiration
Expirer par la bouche pendant l'adduction des bras.

SPORTS CONCERNÉS

- Jeux sur court, athlétisme (lancers), sports nautiques (natation et water-polo).
- Gymnastique, sports de combat (boxe et lutte).
- Jeux d'équipe.

23

24

25

SUR STEP AVEC UN HALTÈRE, ADDUCTION DES BRAS À LA VERTICALE

Modalités d'exécution
À plat dos, bras tendus dans le prolongement du corps, les mains jointes maintenant un haltère, amener les bras à la verticale (photos **26** et **27**).

Variante
• *Sur step avec deux haltères, adduction des bras à la verticale* (photo **28**).

26

27

Muscles sollicités
Les pectoraux dans l'ensemble, mais également le grand dorsal, le grand rond et le grand dentelé.

Respiration
Expirer par la bouche en amenant les bras à la verticale.

SPORTS CONCERNÉS

- Jeux sur court, athlétisme (lancers), sports nautiques (natation et water-polo).
- Gymnastique, sports de combat (boxe et lutte).
- Jeux d'équipe.

28

DEMI-CIRCONFÉRENCE SUR STEP AVEC DEUX HALTÈRES

Modalités d'exécution
À plat dos, bras tendus dans le prolongement du corps, les mains munies d'une paire d'haltères, effectuer une demi-circonférence avec les bras tendus horizontalement, la paume des mains face au plafond, jusqu'à ce que les mains arrivent le long des cuisses (photos **29**, **30** et **31**).

Contre-indications
Douleurs acromio-claviculaires.

Muscles sollicités
Les pectoraux dans l'ensemble, mais plus particulièrement les portions sternales et abdominales.

Respiration
Expirer par la bouche en amenant les mains au contact des cuisses.

29

30

31

SPORTS CONCERNÉS

- Jeux sur court, athlétisme (lancers), sports nautiques (natation et water-polo).
- Gymnastique, sports de combat (boxe et lutte).
- Jeux d'équipe.

- Ces exercices sont classés par ordre croissant de difficulté.
- Dans tous les exercices de répulsion, la difficulté est augmentée si le temps d'arrêt est effectué en position terminale de la flexion (en bas) et non à l'extension.

32

RÉPULSION, INCLINÉ TÊTE EN HAUT

Modalités d'exécution
En appui facial les bras fléchis sur une barre, le buste incliné environ à 45°, extension des bras (photo **32**).

Variantes

• *Répulsion, au sol en appui sur les genoux* (photos **33** et **34**) : en appui facial bras tendus avec les jambes fléchies, genoux au contact du sol, flexion puis extension des bras.

33

34

• *Répulsion, au sol en appui sur les pieds* (photos **35** et **36**) : en appui facial bras et jambes tendus au sol, flexion puis extension des bras en écartant les coudes du corps. Ne pas cambrer. Il est préférable d'avoir les fessiers plus haut que le bassin au ras du sol. Exercice contre-indiqué en cas de lombalgie.

• *Répulsion, au sol pieds surélevés à l'horizontale* (photos **37** et **38**) : en appui facial bras tendus au sol, pieds surélevés de manière que tout le corps se trouve à l'horizontale, flexion puis extension des bras. Exercice contre-indiqué en cas de lombalgie.

• *Répulsion, sur poignées, pieds surélevés à l'horizontale* (photo **39**) : en appui facial bras tendus, mains sur des poignées et pieds surélevés de manière que tout le corps se trouve à l'horizontale, flexion puis extension des bras.
Veiller à la stabilité des supports. Exercice contre-indiqué en cas de lombalgie.

35

36

37

38

39

• *Répulsion, au sol avec pieds surélevés au-dessus de l'horizontale* (photo **40**) : en appui facial bras tendus, mains au sol et pieds surélevés de manière qu'ils soient bien au-dessus de l'horizontale, flexion puis extension des bras. Exercice contre-indiqué en cas de lombalgie.

Muscles sollicités
L'ensemble des pectoraux.

Respiration
Inspirer par le nez pendant la flexion (descente), expirer par la bouche pendant l'extension (montée).

SPORTS CONCERNÉS

- Jeux sur court, athlétisme (lancers), sports nautiques (natation et water-polo).
- Gymnastique, sports de combat (boxe et lutte).
- Jeux d'équipe.

40

RÉPULSION AUX BARRES PARALLÈLES (DIPS)

Modalités d'exécution
En appui sur des barres parallèles les bras fléchis, extension des bras (photos **41** et **42**).

Précautions
Éviter le verrouillage complet des bras, afin de limiter les problèmes au niveau de l'articulation du coude. La descente doit s'effectuer lentement, sans élan avec un parfait contrôle du mouvement jusqu'à sa complète flexion.

Contre-indications
Problèmes au niveau de l'articulation acromio-claviculaire.

Muscles sollicités
L'ensemble des pectoraux avec une localisation plus particulière au niveau des portions sternale et abdominale avec intervention du triceps brachial et du deltoïde antérieur.

Respiration
Inspirer par le nez pendant toute la flexion (descente) et expirer par la bouche à l'extension (montée).

SPORTS CONCERNÉS

- Jeux sur court, athlétisme (lancers), sports nautiques (natation et water-polo).
- Gymnastique, sports de combat (boxe et lutte).
- Jeux d'équipe.

41

42

ÉCARTÉS LATÉRAUX SUR PATINS OU HALTÈRES

Modalités d'exécution
En appui bras tendus sur des roues placées dans le prolongement les unes des autres, ou sur des haltères (disques non bloqués), paumes des mains face à face, jambes écartées, abduction des bras (écartement) jusqu'à la position en croix (photos **43** et **44**).

Précautions
L'écart doit s'effectuer lentement, les bras très légèrement fléchis, avec un parfait contrôle du mouvement jusqu'à la complète abduction horizontale. Au cours de l'abduction, le poignet doit fléchir légèrement vers l'intérieur.
Dans un premier temps exécuter le mouvement en appui sur les genoux au lieu des pieds.

43

Contre-indications
Problèmes au niveau des articulations de l'épaule, du coude et du poignet.

Muscles sollicités
L'ensemble des pectoraux avec une localisation plus particulière au niveau de la portion sternale, avec intervention en statique du triceps brachial et de l'avant-bras.

Respiration
Inspirer par le nez pendant toute la descente et expirer par la bouche à la montée.

44

SPORTS CONCERNÉS

- Jeux sur court, athlétisme (lancers), sports nautiques (natation et water-polo).
- Gymnastique, sports de combat (boxe et lutte).
- Jeux d'équipe.

EN APPUI FACIAL, ADDUCTION DES BRAS SUR PATINS OU HALTÈRES

Modalités d'exécution
En appui bras tendus sur des patins à roulettes (roues placées parallèlement), ou sur des haltères (disques non bloqués), jambes écartées, paumes des mains face au sol, adduction des bras jusqu'à ce qu'ils arrivent dans le prolongement du corps (photos **45** et **46**).

Précautions
L'exercice doit s'effectuer lentement, avec un parfait contrôle du mouvement jusqu'à la complète abduction (bras tendus dans le prolongement du corps). Au cours de l'adduction (au retour) le poignet doit fléchir légèrement vers l'intérieur. Pour aider à l'exécution du mouvement, les pieds doivent être parfaitement bloqués.
Dans un premier temps, pour faciliter le mouvement, l'exécuter jambes fléchies avec appui sur les genoux au lieu des pieds.

Contre-indications
Problèmes au niveau des lombaires et des articulations de l'épaule, du coude et du poignet.

Muscles sollicités
L'ensemble des pectoraux avec une localisation plus particulière au niveau de la portion abdominale et claviculaire avec intervention en statique du triceps brachial, de l'avant-bras, des abdominaux et des lombaires.

Respiration
Inspirer par le nez pendant toute la descente et expirer par la bouche à la montée (au retour).

SPORTS CONCERNÉS

- Jeux sur court, athlétisme (lancers), sports nautiques (natation et water-polo).
- Gymnastique, sports de combat (boxe et lutte).
- Jeux d'équipe.

45

46

■ MUSCULATION AVEC APPAREILS

DÉVELOPPÉ COUCHÉ AU CADRE GUIDE

Modalités d'exécution
En décubitus dorsal (à plat dos) sur un banc, les mains placées au niveau des épaules, extension des bras à la verticale (photos **47** et **48**).

Variantes
• *Développé couché au cadre guide à air comprimé* (photo **49**).
• *Développé incliné au cadre guide* (photos **50** et **51**) : dans la position incliné, les reins au contact du banc, les bras fléchis avec les mains au niveau des épaules, extension (développement) des bras à la verticale.
Éviter la cambrure et l'extension explosive.
Les pectoraux sont sollicités dans leur ensemble avec prédominance de la partie claviculaire externe.

Précautions
Éviter de cambrer.
L'extension explosive ne doit être pratiquée que par des personnes suffisamment entraînées, pour éviter les problèmes au niveau des articulations.

Contre-indications
En cas de problèmes lombaires, fléchir les genoux sur la poitrine.

47

48

Muscles sollicités
Les pectoraux dans leur ensemble avec prédominance de la partie claviculaire externe.

Respiration
Expirer par la bouche à l'extension (montée), inspirer par le nez pendant la flexion (descente).

SPORTS CONCERNÉS

- Jeux sur court, athlétisme (lancers), sports nautiques (natation et water-polo).
- Gymnastique, sports de combat (boxe et lutte).
- Jeux d'équipe.

49

50

51

DÉVELOPPÉ COUCHÉ À LA BARRE GUIDÉE

Modalités d'exécution
Dans la position à plat dos, les reins au contact du banc, les bras fléchis avec les mains au niveau des épaules, la barre placée sur le haut des pectoraux, extension (développer) des bras à la verticale (photos **52** et **53**).

52

53

Variantes

• *Développé incliné à la barre guidée* (photos **54** et **55**) : les pectoraux sont sollicités dans leur ensemble avec prédominance de la portion claviculaire.

54

55

• *Développé décliné à la barre guidée* (photos **56** et **57**) : en position tête en bas. Les pectoraux sont sollicités dans leur ensemble avec prédominance de la portion abdominale.

Précautions
Éviter la cambrure et l'extension explosive.

Contre-indications
Problèmes au niveau des lombaires : fléchir les jambes sur la poitrine.

Muscles sollicités
Les pectoraux dans leur ensemble.

Respiration
Expirer par la bouche à l'extension (montée), inspirer par le nez pendant la flexion (descente).

56

57

SPORTS CONCERNÉS

- Jeux sur court, athlétisme (lancers), sports nautiques (natation et water-polo).
- Gymnastique, sports de combat (boxe et lutte).
- Jeux d'équipe.

ADDUCTION ANTÉRIEURE DES BRAS TENDUS (MACHINE À PULL-OVER)

Modalités d'exécution

Assis, les reins au contact du dossier, les bras tendus placés dans les accoudoirs avec les mains sur les barres de traction, adduction des bras jusqu'au niveau des cuisses (photos **58** et **59**).

58

59

Variantes
• *Adduction antérieure des bras sur machine à air (machine à pull-over)* (photo **60**) : plus souple, cet appareil est recommandé aux personnes ayant des problèmes articulaires.

60

• *Adduction antérieure des bras sur machine à réglage d'amplitude* (photo **61**) : cet appareil permet de limiter l'amplitude arrière ou avant. Il est recommandé aux personnes présentant des problèmes au niveau de l'articulation de l'épaule.

• *Adduction antérieure des bras sur machine, bras fléchis* (photo **62**) : le bras de levier étant réduit, l'effort est plus important, mais les risques au niveau de l'articulation de l'épaule sont limités.

Précautions et contre-indications

Aucune, puisque les appareils sont munis d'une ceinture, afin d'éviter de décoller le bassin.

Muscles sollicités

Les pectoraux dans leur ensemble.

Respiration

Expirer par la bouche à l'adduction (en amenant les bras devant), inspirer par le nez pendant l'abduction (retour des bras en arrière).

61

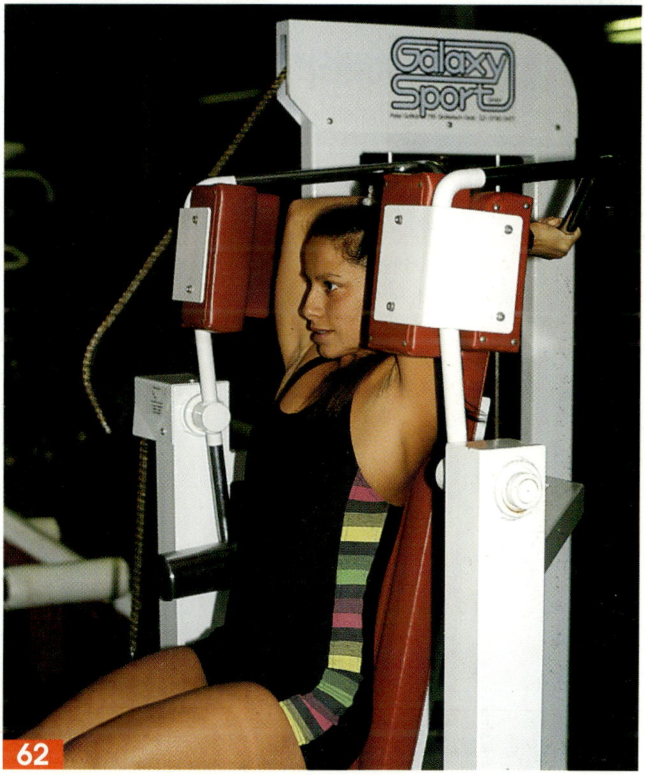

62

SPORTS CONCERNÉS

- Jeux sur court, athlétisme (lancers), sports nautiques (natation et water-polo).
- Gymnastique, sports de combat (boxe et lutte).
- Jeux d'équipe.

MACHINE À ÉCARTÉS LATÉRAUX, ASSIS, BRAS FLÉCHIS (BUTTERFLY)

Modalités d'exécution

Assis, le dos bien plaqué au dossier, les bras fléchis placés contre les accoudoirs avec les mains placées sur les barres d'adduction, rapprocher les coudes jusqu'au contact (photos **63** et **64**).

63

64

Variantes

• *Machine à écartés latéraux à différentes prises de mains, assis* (photo **65**) : le bras placé au-dessus de l'horizontale permet de solliciter plus particulièrement la portion claviculaire du pectoral. Placé en dessous de l'horizontale, c'est la portion sternale qui est la plus engagée.

• *Machine à écartés latéraux, assis, bras tendus* (photo **66**) : l'adduction se fait avec l'appui des mains, les bras très légèrement fléchis, coudes à l'horizontale. Dans cette position, c'est la portion sternale des pectoraux qui est la plus sollicitée.

65

66

67

• *Machine à écartés latéraux, assis, bras fléchis ou tendus* (photo **67**).
• *Machine à écartés latéraux, incliné, bras tendus* (photo **68**) : localisation plus particulièrement faite sur la portion abdominale des pectoraux.
• *Machine à écartés latéraux, incliné, bras fléchis sur machine à air* (photo **69**).
• *Machine à écartés latéraux, assis, bras fléchis sur machine électronique* (photo **70**).

68

69

70

Précautions et contre-indications
Aucune, puisque les appareils sont munis d'un système de débrayage, afin d'éviter une trop grande amplitude au début du mouvement comme à l'arrivée.

Muscles sollicités
Les pectoraux dans leur ensemble avec une légère prédominance de la portion claviculaire-sternale.

Respiration
Expirer par la bouche à l'adduction (en amenant les bras devant), inspirer par le nez pendant l'abduction (retour des bras en arrière).

SPORTS CONCERNÉS

- Jeux sur court, athlétisme (lancers), sports nautiques (natation et water-polo).
- Gymnastique, sports de combat (boxe et lutte).
- Jeux d'équipe.

MACHINE À DÉVELOPPÉ ASSIS

Modalités d'exécution
Assis, dos et lombaires en appui sur le dossier. Régler le siège de manière que les mains et les coudes des bras fléchis soient à l'horizontale. Extension des bras devant le corps (photos **71** et **72**).

Variantes
- *Machine à air comprimé à développé assis* (photo **73**).
- *Machine à développé assis avec excentration* (photos **74** et **75**).

Précautions et contre-indications
Aucune, puisque les appareils sont munis d'un système de débrayage, afin d'éviter une trop grande amplitude au début du mouvement comme à l'arrivée.

Muscles sollicités
Les pectoraux dans leur ensemble avec une légère prédominance de la portion claviculaire.

Respiration
Expirer par la bouche à l'extension (développé des bras), inspirer par le nez pendant la flexion (retour au point de départ).

71

72

73

SPORTS CONCERNÉS

- Jeux sur court, athlétisme (lancers), sports nautiques (natation et water-polo).
- Gymnastique, sports de combat (boxe et lutte).
- Jeux d'équipe.

74

75

DÉVELOPPÉ COUCHÉ AVEC BARRE

Modalités d'exécution

En décubitus dorsal (à plat dos), lombaires au contact du banc. Barre placée sur le haut des pectoraux. Les mains placées sur la barre de manière à avoir les avant-bras perpendiculaires au sol, extension des bras à la verticale (photos **76** et **77**).

76

77

Variantes

• *Développé incliné avec barre* (photos **78** et **79**) : les pectoraux sont sollicités dans leur ensemble avec prédominance de la portion claviculaire.

78

79

• *Développé décliné avec barre* (photos **80** et **81**) : les pectoraux sont sollicités dans l'ensemble avec prédominance de la portion abdominale.

Précautions
Ne pas cambrer et descendre la barre plus lentement qu'à l'extension.

Contre-indications
Problèmes au niveau du deltoïde.

Muscles sollicités
Les pectoraux dans leur ensemble avec prédominance de la portion claviculaire si la barre descend sur le haut des pectoraux.

Respiration
Expirer par la bouche à l'extension (développé des bras), inspirer par le nez pendant la flexion (retour au point de départ).

80

SPORTS CONCERNÉS

- Jeux sur court, athlétisme (lancers), sports nautiques (natation et water-polo).
- Gymnastique, sports de combat (boxe et lutte).
- Jeux d'équipe.

81

ADDUCTION ANTÉRIEURE DES BRAS, BARRE COUDÉE (PULL-OVER)

Modalités d'exécution
En décubitus dorsal, lombaires au contact du banc, jambes fléchies. Bras tendus horizontalement avec prise des mains à largeur d'épaules et en demi-pronation (paumes des mains placées de trois quarts face à face) sur la barre coudée. Adduction (montée) des bras jusqu'à la verticale (photos **82** et **83**).

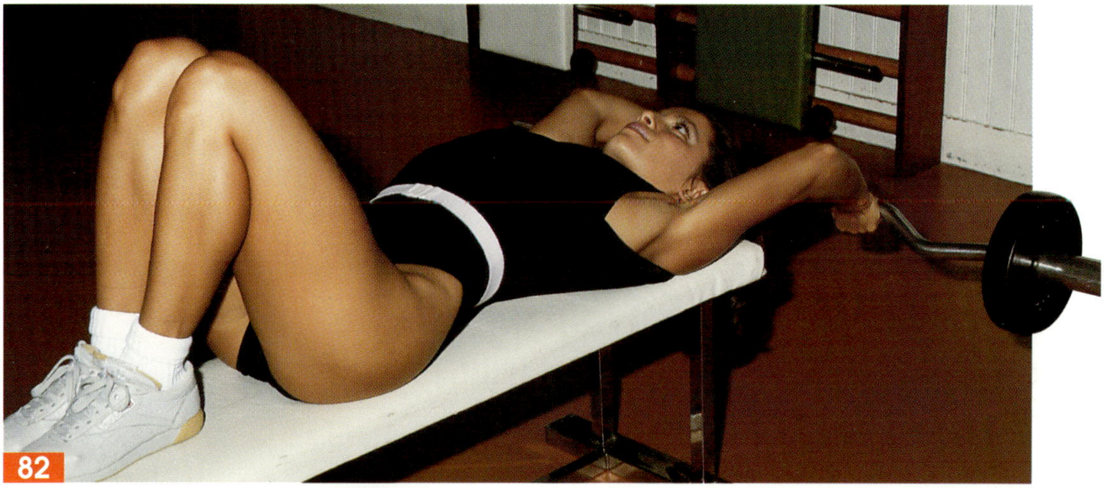
82

83

Variantes
• *Adduction antérieure des bras, barre droite (pull-over)* (photo **84**).
• *Adduction antérieure des bras, barre spéciale (pull-over)* (photo **85**) : la position des mains placées parallèlement, les paumes face à face, peut annihiler des douleurs au niveau du deltoïde.

Précautions
Ne pas cambrer et descendre la barre plus lentement qu'à l'extension.

Contre-indications
Problèmes au niveau du deltoïde.
Un changement de positionnement des mains peut supprimer des douleurs au niveau de l'épaule.

84

Muscles sollicités
Les pectoraux dans leur ensemble avec prédominance de la portion claviculaire.

Respiration
Expirer par la bouche à l'adduction (montée des bras), inspirer par le nez pendant l'abduction (descente des bras).

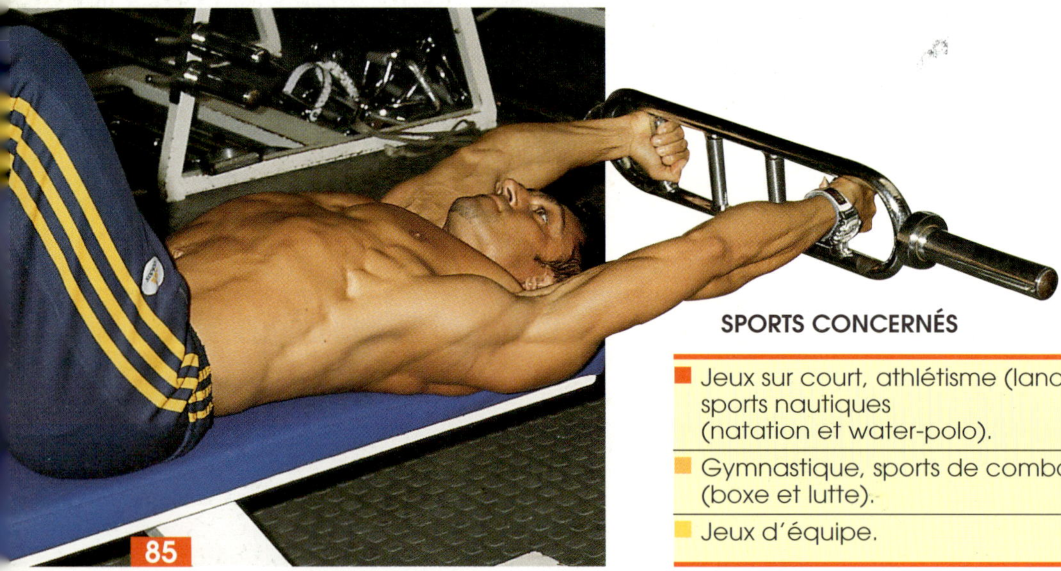
85

SPORTS CONCERNÉS

- Jeux sur court, athlétisme (lancers), sports nautiques (natation et water-polo).
- Gymnastique, sports de combat (boxe et lutte).
- Jeux d'équipe.

DÉVELOPPÉ COUCHÉ AVEC HALTÈRES

Modalités d'exécution
En décubitus dorsal, lombaires au contact du banc, jambes fléchies. Haltères au contact de la poitrine, les mains en pronation (paumes face au plafond), extension des bras à la verticale en rapprochant les haltères (photos **86** et **87**).

86

87

Variantes

• *Développé incliné avec haltères* (photos **88** et **89**) : les pectoraux sont sollicités dans leur ensemble avec prédominance de la portion claviculaire.

• *Développé décliné avec haltères* (photos **90** et **91**) : les pectoraux sont sollicités dans leur ensemble avec prédominance de la portion abdominale.

Précautions

Ne pas cambrer et éviter la rotation de la main en cas de problème au niveau du deltoïde.

Contre-indications

Problèmes au niveau de l'équilibre.

Muscles sollicités

Les pectoraux dans leur ensemble.

Respiration

Expirer par la bouche à l'extension (développé des bras), inspirer par le nez pendant la flexion (retour au point de départ).

SPORTS CONCERNÉS

- Jeux sur court, athlétisme (lancers), sports nautiques (natation et water-polo).
- Gymnastique, sports de combat (boxe et lutte).
- Jeux d'équipe.

88

89

90

91

DÉVELOPPÉ COUCHÉ D'UN BRAS, INCLINAISON SPÉCIALE

Modalités d'exécution
En décubitus dorsal sur un banc incliné latéralement.
Un bras fléchi avec un haltère en main du côté de l'inclinaison.
L'autre bras tendu latéralement avec maintien sur une prise.
Extension à la verticale du bras chargé (photos **92** et **93**).

Précautions
Maintien nécessaire du bras tendu latéralement.

Contre-indications
Aucune dans la mesure où le mouvement est effectué selon les indications.

92

93

Muscles sollicités
Les pectoraux dans leur ensemble avec nette prédominance de la portion sternale.

Respiration
Expirer par la bouche à l'extension (développé du bras), inspirer par le nez pendant la flexion (retour au point de départ).

SPORTS CONCERNÉS

- Jeux sur court, athlétisme (lancers), sports nautiques (natation et water-polo).
- Gymnastique, sports de combat (boxe et lutte).
- Jeux d'équipe.

ÉCARTÉS LATÉRAUX, COUCHÉ

Modalités d'exécution
En décubitus dorsal sur un banc plat, jambes fléchies, bras tendus verticalement avec des haltères, paumes des mains face à face. Adduction latérale des bras jusqu'à l'horizontale (photos **94** et **95**).

94

95

96

Variantes

• *Écartés latéraux croisés, couché* (photos **96** et **97**) : en ce qui concerne le travail des muscles, la sollicitation est plus importante dans la portion sternale.

• *Écartés latéraux, incliné* (photo **98**) : en ce qui concerne le travail des muscles, la sollicitation est plus importante dans la portion claviculaire et sternale.

97

98

Précautions
Fléchir les jambes pour ne pas cambrer et effectuer l'abduction plus lentement que le retour à la verticale.

Contre-indications
Traumatismes au niveau de l'articulation de l'épaule.

Muscles sollicités
Tous les pectoraux dans leur ensemble et plus particulièrement la portion sternale.

Respiration
Expirer par la bouche à l'adduction (en montant les bras), inspirer par le nez pendant l'abduction (en écartant les bras).

SPORTS CONCERNÉS

- Jeux sur court, athlétisme (lancers), sports nautiques (natation et water-polo).
- Gymnastique, sports de combat (boxe et lutte).
- Jeux d'équipe.

ADDUCTION D'UN BRAS AVEC INCLINAISON LATÉRALE

Modalités d'exécution
En décubitus dorsal sur un banc incliné latéralement. Le bras du côté de l'inclinaison tendu horizontalement, un haltère en main, paume face au plafond. L'autre bras tendu latéralement avec maintien sur une prise. Adduction latérale du bras chargé jusqu'à ce qu'il arrive à la verticale (photos **99** et **100**).

Précautions
Maintien nécessaire du bras tendu latéralement.

Contre-indications
Aucune dans la mesure où le mouvement est effectué selon les indications.

Muscles sollicités
Les pectoraux dans leur ensemble avec nette prédominance de la portion sternale.

99

Respiration
Expirer par la bouche à l'adduction (montée du bras), inspirer par le nez pendant l'abduction (descente du bras).

100

SPORTS CONCERNÉS

- Jeux sur court, athlétisme (lancers), sports nautiques (natation et water-polo).
- Gymnastique, sports de combat (boxe et lutte).
- Jeux d'équipe.

ADDUCTION ANTÉRIEURE DES BRAS AVEC UN HALTÈRE (PULL-OVER)

Modalités d'exécution

En décubitus dorsal, lombaires au contact du banc. Bras tendus horizontalement dans le prolongement du corps, avec un haltère en mains, les paumes placées contre le disque, adduction (montée) des bras jusqu'à la verticale (photos **101** et **102**).

101

102

103

Variantes

• *Adduction antérieure des bras avec un haltère sur banc correcteur* (photos **103** et **104**) : exercice contre-indiqué en cas de problèmes lombaires et de cambrure trop prononcée. L'ensemble des pectoraux est sollicité avec une localisation sur l'expansion thoracique.

104

• *Adduction antérieure des bras avec deux haltères* (photo **105**) : en décubitus dorsal, lombaires au contact du banc. Bras tendus dans le prolongement du corps (derrière la tête) avec un haltère dans chaque main, paumes face à face, adduction (montée) des bras jusqu'à la verticale.

Précautions
Ne pas cambrer. Descendre l'haltère plus lentement qu'en le montant.

Contre-indications
Problèmes au niveau du deltoïde.
Un changement de positionnement des mains peut supprimer des douleurs au niveau de l'épaule.

Muscles sollicités
Les pectoraux dans leur ensemble avec prédominance de la portion claviculaire.

Respiration
Expirer par la bouche à l'adduction (montée des bras), inspirer par le nez pendant l'abduction (descente des bras).

SPORTS CONCERNÉS

- Jeux sur court, athlétisme (lancers), sports nautiques (natation et water-polo).
- Gymnastique, sports de combat (boxe et lutte).
- Jeux d'équipe.

105

DEMI-CIRCONFÉRENCE AVEC HALTÈRES

Modalités d'exécution
En décubitus dorsal (sur le dos). Bras tendus dans le prolongement du corps (derrière la tête), un haltère dans chaque main tenu en pronation (paumes face au plafond), effectuer une adduction latérale des bras jusqu'au contact des cuisses (photos **106**, **107** et **108**).

Contre-indications
Douleur acromio-claviculaire.

Muscles sollicités
L'ensemble des pectoraux avec prédominance de la portion abdominale.

Respiration
Inspirer par le nez en amenant les bras derrière la tête, expirer par la bouche en les ramenant sur les cuisses.

SPORTS CONCERNÉS

- Jeux sur court, athlétisme (lancers), sports nautiques (natation et water-polo).
- Gymnastique, sports de combat (boxe et lutte).
- Jeux d'équipe.

106

107

108

■ MUSCULATION AVEC POULIES

DÉVELOPPÉ AUX POULIES BASSES, COUCHÉ

109

Modalités d'exécution
En décubitus dorsal sur un banc, la tête au niveau des poulies, mains en pronation (paumes face à face) dans les poignées près des épaules, extension des bras à la verticale avec rotation interne des mains (photos **109** et **110**).

Variantes
• *Développé aux poulies basses, incliné* (photos **111** et **112**) : même mouvement que le précédent mais en position inclinée. L'ensemble des pectoraux est sollicité avec prédominance de la portion claviculaire.

110

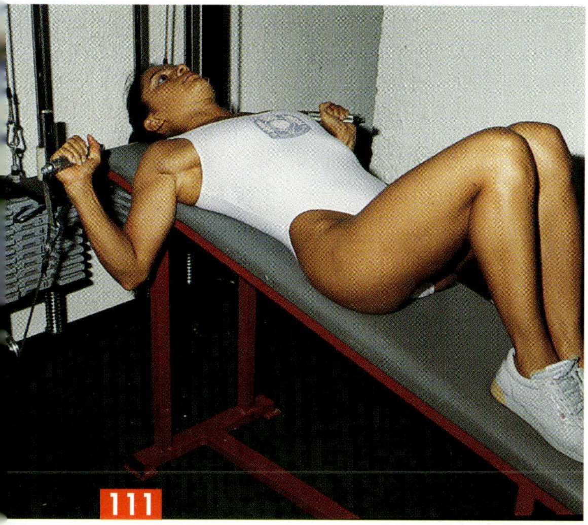

111

112

• *Développé aux poulies basses, décliné* (photo **113**) : même mouvement que le précédent mais en position déclinée. L'ensemble des pectoraux est sollicité avec prédominance de la portion abdominale.

Précautions
Fléchir les jambes pour ne pas cambrer.

Contre-indications
Problèmes musculaires ou tendineux au niveau de l'épaule.

Muscles sollicités
L'ensemble des pectoraux, avec prédominance de la portion abdominale/sternale.

Respiration
Expirer par la bouche pendant l'extension des bras. Inspirer par le nez pendant la flexion (descente des bras).

113

SPORTS CONCERNÉS

- Jeux sur court, athlétisme (lancers), sports nautiques (natation et water-polo).
- Gymnastique, sports de combat (boxe et lutte).
- Jeux d'équipe.

DÉVELOPPÉ D'UN BRAS, POULIE BASSE, INCLINAISON SPÉCIALE

Modalités d'exécution
En décubitus dorsal sur un banc incliné latéralement. Un bras fléchi avec une poignée de poulie basse en main du côté de l'inclinaison. L'autre bras tendu latéralement avec maintien sur une prise.
Extension à la verticale du bras chargé en effectuant une rotation de la main jusqu'à ce que la paume se trouve face à la prise de l'autre bras (photos **114** et **115**).

114

115

Précautions
Maintien nécessaire du bras tendu latéralement.

Contre-indications
Aucune dans la mesure où le mouvement est effectué selon les indications.

Muscles sollicités
Les pectoraux dans leur ensemble avec nette prédominance de la portion sternale.

Respiration
Expirer par la bouche à l'extension (développé du bras), inspirer par le nez pendant la flexion (retour au point de départ).

SPORTS CONCERNÉS

- Jeux sur court, athlétisme (lancers), sports nautiques (natation et water-polo).
- Gymnastique, sports de combat (boxe et lutte).
- Jeux d'équipe.

ADDUCTION LATÉRALE AUX POULIES BASSES, COUCHÉ

Modalités d'exécution

En décubitus dorsal sur un banc plat, bras tendus horizontalement avec les poignées de poulies basses, paumes des mains face à face. Adduction (montée) latérale des bras jusqu'à la verticale (photos **116** et **117**).

118

Variantes

• *Adduction latérale aux poulies basses, incliné* (photo **118**) : même mouvement que le précédent mais en position inclinée. En ce qui concerne le travail des muscles, la sollicitation est plus importante dans la portion claviculaire.

• *Adduction latérale aux poulies basses, décliné* (photo **119**) : même mouvement que le précédent mais en position déclinée. En ce qui concerne le travail des muscles, la sollicitation est plus importante dans la portion abdominale.

• *Adduction latérale aux poulies basses, couché croisé* (photo **120**) : même mouvement que le précédent mais à plat dos et en croisant les bras jusqu'au coude à coude. En ce qui concerne le travail des muscles, la sollicitation est plus importante dans la portion sternale.

119

120

Précautions
Fléchir les jambes pour ne pas cambrer et effectuer l'abduction plus lentement que la montée à la verticale.

Contre-indications
Traumatismes au niveau de l'articulation de l'épaule.

Muscles sollicités
Les pectoraux dans leur ensemble et plus particulièrement la portion sternale.

Respiration
Expirer par la bouche à l'adduction (en montant les bras), inspirer par le nez pendant l'abduction (en écartant les bras).

SPORTS CONCERNÉS

- Jeux sur court, athlétisme (lancers), sports nautiques (natation et water-polo).
- Gymnastique, sports de combat (boxe et lutte).
- Jeux d'équipe.

ADDUCTION LATÉRALE D'UN BRAS, POULIE BASSE, À PLAT OU INCLINAISON SPÉCIALE

Modalités d'exécution
En décubitus dorsal sur un banc incliné latéralement. Le bras du côté de l'inclinaison, tendu horizontalement avec une poignée de poulie basse en main. L'autre bras tendu latéralement avec maintien sur une prise. Adduction latérale du bras chargé jusqu'à ce qu'il arrive à la verticale (photos **121** et **122**).

Précautions
Maintien nécessaire du bras tendu latéralement.

Contre-indications
Aucune dans la mesure où le mouvement est effectué selon les indications.

Muscles sollicités
Les pectoraux dans leur ensemble avec nette prédominance de la portion sternale.

Respiration
Expirer par la bouche à l'adduction (montée du bras), inspirer par le nez pendant l'abduction (descente du bras).

121

SPORTS CONCERNÉS

- Jeux sur court, athlétisme (lancers), sports nautiques (natation et water-polo).
- Gymnastique, sports de combat (boxe et lutte).
- Jeux d'équipe.

122

ADDUCTION INDÉPENDANTE AUX POULIES BASSES, INCLINÉ OU À PLAT DOS

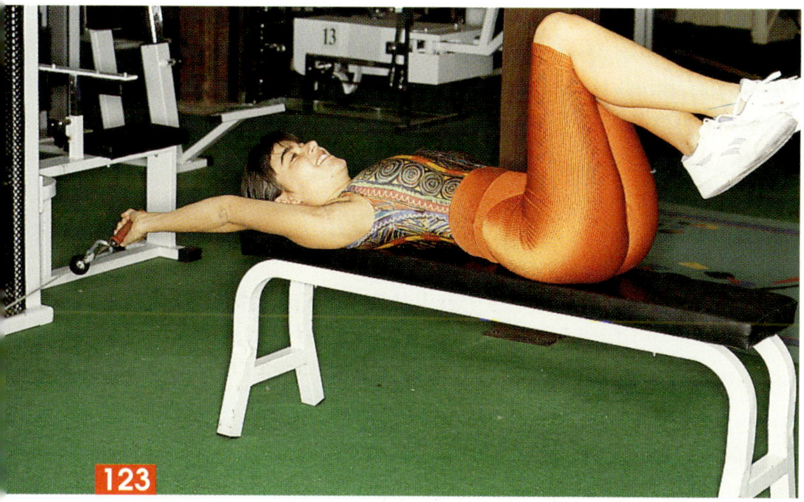
123

Modalités d'exécution
En décubitus dorsal à plat ou incliné, lombaires au contact du banc. Bras tendus à l'horizontale dans le prolongement du corps, une poignée de poulie basse dans chaque main tenue en pronation (paumes face au plafond), adduction (montée) des bras jusqu'à la verticale (photos **123** et **124**).

124

Variante

• *Adduction simultanée des bras aux poulies basses, incliné* (photos **125** et **126**) : en décubitus dorsal, lombaires au contact du banc. Bras tendus derrière la tête, une barre ou une poignée de poulie en mains, tenue en pronation (paumes face à face), adduction (montée) des bras jusqu'à la verticale.

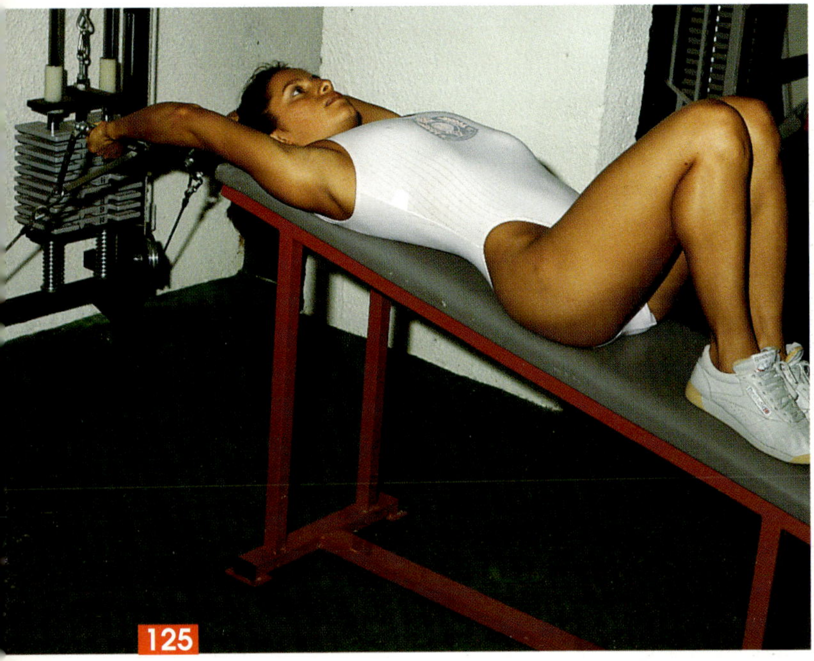

125

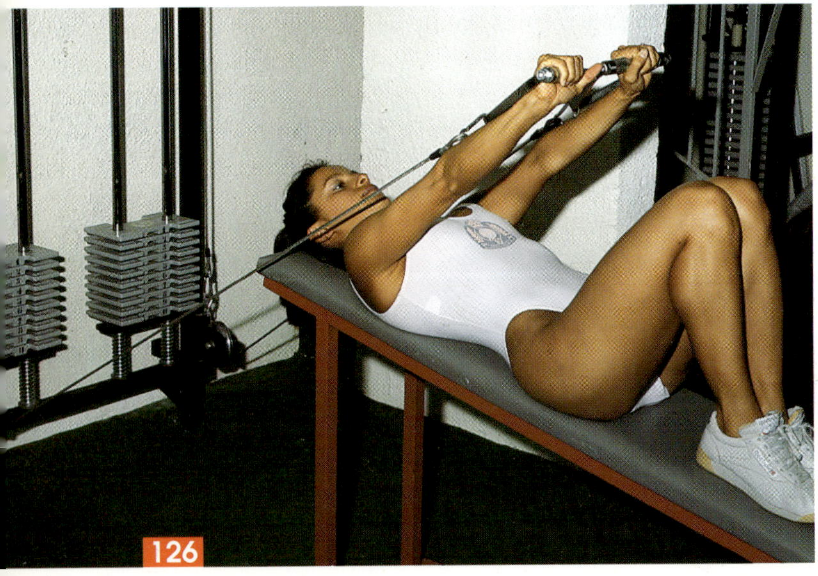

126

Précautions

Ne pas cambrer et effectuer le retour plus lentement que la montée.

Contre-indications

Problèmes au niveau du deltoïde.
Un changement de positionnement des mains peut supprimer des douleurs au niveau de l'épaule.

Muscles sollicités

Les pectoraux dans leur ensemble avec prédominance de la portion claviculaire.

Respiration

Expirer par la bouche à l'adduction (montée des bras), inspirer par le nez pendant l'abduction (descente des bras).

SPORTS CONCERNÉS

- Jeux sur court, athlétisme (lancers), sports nautiques (natation et water-polo).
- Gymnastique, sports de combat (boxe et lutte).
- Jeux d'équipe.

ADDUCTION AUX POULIES VIS-À-VIS, DEBOUT OU À GENOUX

Modalités d'exécution
Debout ou à genoux, bras tendus au-dessus de l'horizontale, une poignée de poulie dans chaque main, les paumes face au sol, adduction (rapprochement) des bras jusqu'au contact des poignées (photos **127** et **128**).

Précautions
Effectuer un retour lent et casser légèrement le poignet vers l'intérieur.

127

128

Muscles sollicités
Les pectoraux dans leur ensemble avec prédominance de la portion sternale haute.

Respiration
Expirer par la bouche à l'adduction (réunion des mains), inspirer par le nez pendant l'abduction (ouverture des bras).

SPORTS CONCERNÉS

- Jeux sur court, athlétisme (lancers), sports nautiques (natation et water-polo).
- Gymnastique, sports de combat (boxe et lutte).
- Jeux d'équipe.

PARTICIPATION DES MUSCLES DE LA FACE POSTÉRIEURE DU TRONC

MYOLOGIE

Comme les cuisses, les muscles de la face postérieure du dos représentent une masse musculaire importante. S'il est délicat de vouloir parfaitement isoler le travail des cuisses de celui des fessiers, le problème reste identique en ce qui concerne par exemple celui du dos avec les trapèzes, pour ne citer qu'eux.

Cette importante masse musculaire que l'on appelle communément les dorsaux, se compose en fait d'un nombre important de muscles qui participent tous d'une manière active ou statique au travail du dos :

– le plan profond présente, en partant de l'occipital jusqu'à la région sacrée, les muscles spinaux qui appartiennent à la colonne vertébrale. Le long de la colonne vertébrale cheminent le **transversaire épineux**, avec sa portion cervicale, dorsale, lombaire et sacrée, puis l'**épi-épineux** et le **long dorsal**. Enfin, dans la région cervicale, le **petit dentelé postérieur et supérieur**, et, dans la partie lombaire, le **petit dentelé postérieur et inférieur** (planche **2**) ;

PLANCHE 2 - MUSCLES SPINAUX POSTÉRIEURS DU TRONC

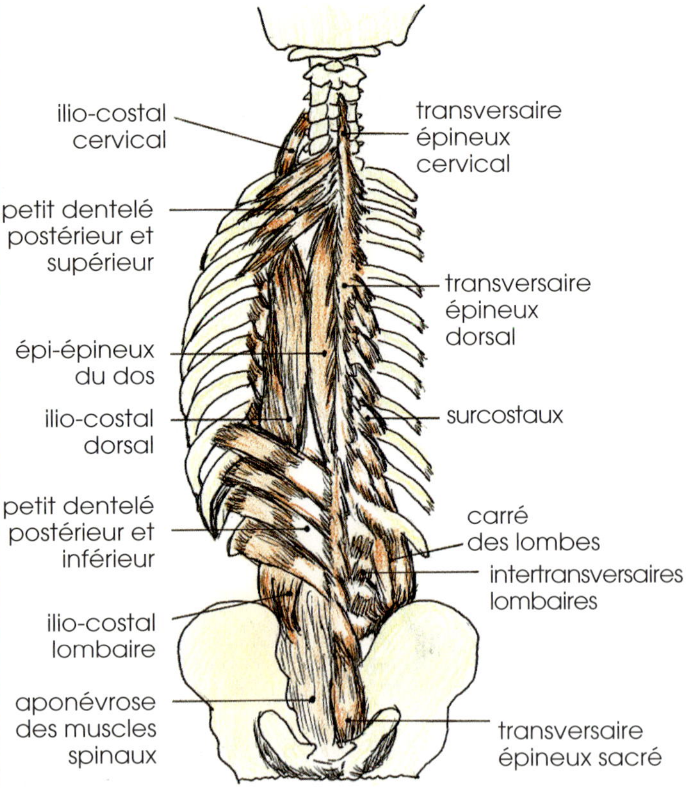

– le plan moyen laisse paraître l'**angulaire de l'omoplate** qui part des premières cervicales pour rejoindre l'omoplate ; plus bas le **rhomboïde** qui part de la septième cervicale et des quatre premières dorsales, pour se terminer sur le bord interne de l'omoplate. Au niveau lombaire, l'**aponévrose des muscles spinaux** recouvre la masse commune (planche **3**) ;
– sur le plan superficiel se trouvent le **trapèze**, qui va de la colonne vertébrale et de l'occipital à l'épaule et de la septième cervicale aux dix premières vertèbres dorsales, puis quatre muscles qui recouvrent l'omoplate :
le **sous-épineux**, le **sus-épineux**, le **petit rond** et le **grand rond**.
Enfin, le **grand dorsal** débute sous le bras pour rejoindre les six dernières vertèbres dorsales puis les vertèbres lombaires et sacrées pour rejoindre l'**aponévrose lombaire** (planche **3**).

PLANCHE 3 - MUSCLES POSTÉRIEURS DU TRONC

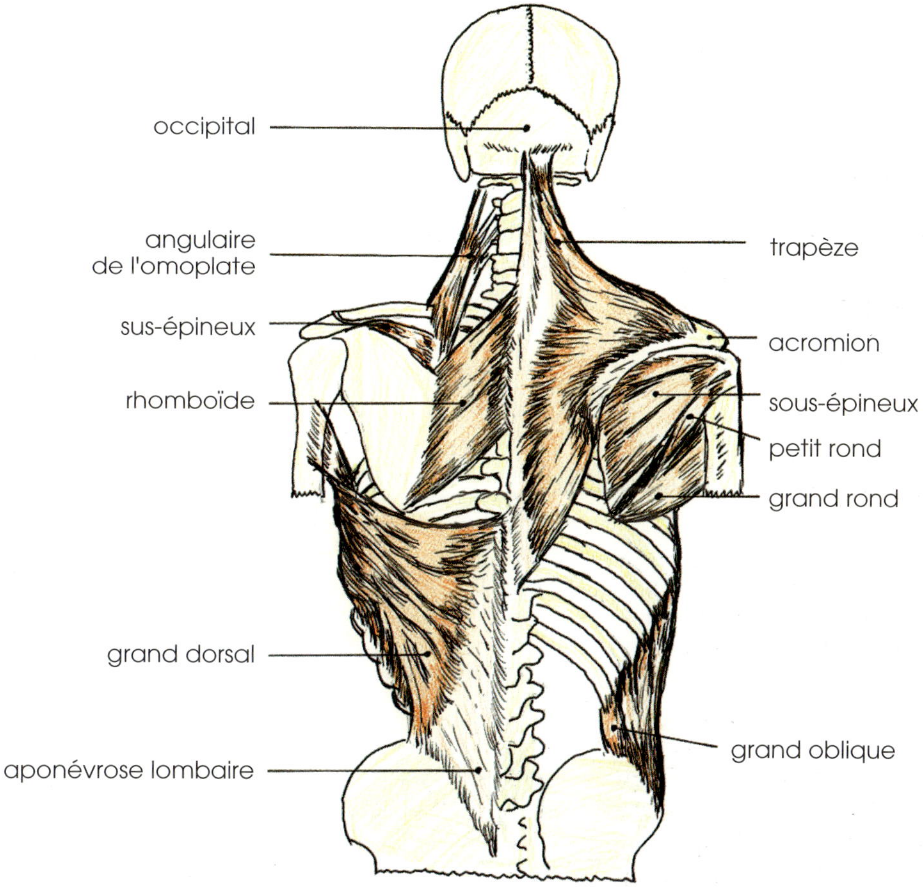

■ EXERCICE CARDIO-VASCULAIRE

ROWING SUR MACHINE À RAMER

Modalités d'exécution
Départ bras tendus et genoux groupés sur la poitrine, extension des cuisses. La traction des bras, sans projection du buste en arrière (légèrement incliné vers l'arrière), débute avant l'extension complète des cuisses. Les bras reviennent tendus avant la flexion des cuisses et l'inclinaison du buste en avant (photo **129**).

Précautions
Enchaîner les gestes avec amplitude et souplesse dans un mouvement coulé et continu.

Contre-indications
Problèmes dorso-lombaires.

Muscles sollicités
Jumeaux, soléaires, quadriceps, ischios, fessiers, lombaires, abdominaux, dorsaux, biceps, deltoïdes postérieurs.

Respiration
Expirer par la bouche pendant l'extension.

129

SPORTS CONCERNÉS

- Sports nautiques, sports de combat (judo, lutte).
- Gymnastique, sports équestres et sports sur roues (au niveau du renforcement de la colonne cervicale, dorsale et lombaire).
- Jeux sur courts, jeux d'équipe (sauf football).

■ ÉTIREMENT

ÉTIREMENT DU GRAND DORSAL

Modalités d'exécution
Position des membres inférieurs en fente avant, le buste et le bras opposé à la jambe avant tendus horizontalement, la main sur une prise que l'on ne peut déplacer, exercer une forte traction avec étirement (photo **130**).

Muscles sollicités
Spinaux, rhomboïde, trapèze, grand dorsal.

SPORTS CONCERNÉS

- Sports nautiques, sports de combat (judo, lutte).
- Gymnastique, sports équestres et sports sur roues (au niveau du renforcement de la colonne cervicale, dorsale et lombaire).
- Jeux sur courts, jeux d'équipe (sauf football).

130

■ ISOMÉTRIE

ADDUCTION DU BRAS

Modalités d'exécution
Debout, de profil à un espalier, le bras tendu horizontalement, adduction (abaissement) forcée du bras (photo **131**).

Muscles sollicités
Trapèze, rhomboïde, grand dorsal jusqu'à l'aponévrose lombaire.

Respiration
Expirer par la bouche pendant l'adduction.

SPORTS CONCERNÉS

- Sports nautiques, sports de combat (judo, lutte).
- Gymnastique, sports équestres et sports sur roues (au niveau du renforcement de la colonne cervicale, dorsale et lombaire).
- Jeux sur courts, jeux d'équipe (sauf football).

131

■ FITNESS

TIRAGE À DEUX BRAS SUR STEPS (ROWING) ET SANGLE EN CAOUTCHOUC

Modalités d'exécution
Sur steps, placés dans le sens de la longueur, jambes réunies, buste à l'horizontale, bras tendus avec les mains dans les poignées de la sangle en caoutchouc, placée sous deux steps pour plus de résistance. Effectuer une traction des bras pour amener les mains au contact de la partie externe du pectoral (photos **132** et **133**).

132

133

Variante

• *Tirage d'un bras (rowing)* (photo **134**) : même mouvement que le précédent, mais effectué avec un seul bras.

Précautions

Garder le dos plat.

Contre-indications

Lombalgie.

Muscles sollicités

Spinaux, angulaire de l'omoplate, sus-épineux, rhomboïde, trapèze, sous-épineux, petit rond, grand rond, grand dorsal.

Respiration

Expirer par la bouche à la traction, inspirer par le nez au retour.

SPORTS CONCERNÉS

- Sports nautiques, sports de combat (judo, lutte).
- Gymnastique, sports équestres et sports sur roues (au niveau du renforcement de la colonne cervicale, dorsale et lombaire).
- Jeux sur court, jeux d'équipe (sauf football).

134

ADDUCTION DES BRAS LE LONG DU CORPS (SKI) SUR STEPS ET SANGLE EN CAOUTCHOUC

Modalités d'exécution
Sur steps, placés dans le sens de la longueur, jambes réunies, buste à l'horizontale, bras tendus avec les mains dans les poignées de la sangle en caoutchouc, placée sous deux steps pour plus de résistance. Effectuer une élévation (adduction des bras le long du corps) des bras tendus jusqu'à ce qu'ils arrivent au-dessus de l'horizontale (photos **135** et **136**).

Variante
• *Adduction d'un bras tendu le long du corps (ski)* (photo **137**).

Précautions
Voir exercice précédent.

Contre-indications
Voir exercice précédent.

Muscles sollicités
Voir exercice précédent.

Respiration
Voir exercice précédent.

SPORTS CONCERNÉS

- Sports nautiques, sports de combat (judo, lutte).
- Gymnastique, sports équestres et sports sur roues (au niveau du renforcement de la colonne cervicale, dorsale et lombaire).
- Jeux sur court, jeux d'équipe (sauf football).

135

136

137

TIRAGE LARGE À DEUX BRAS (ROWING) AVEC PETITS HALTÈRES

Modalités d'exécution

Jambes écartées, buste à l'horizontale, bras tendus avec une paire d'haltères en mains, effectuer une traction des bras, les coudes écartés pour amener les mains au contact de la partie externe du pectoral (photos **138** et **139**).

138

139

Variante

• *Tirage large d'un bras (rowing)* (photo **140**) : même mouvement que le précédent mais effectué avec un seul bras.

Précautions

Voir exercice p. 82.

Contre-indications

Voir exercice p. 82.

Muscles sollicités

Voir exercice p. 82.

Respiration

Voir exercice p. 82.

SPORTS CONCERNÉS

- Sports nautiques, sports de combat (judo, lutte).
- Gymnastique, sports équestres et sports sur roues (au niveau du renforcement de la colonne cervicale, dorsale et lombaire).
- Jeux sur court, jeux d'équipe (sauf football).

140

TIRAGE SERRÉ À DEUX BRAS (ROWING) AVEC PETITS HALTÈRES

Modalités d'exécution
Jambes écartées, buste à l'horizontale, bras tendus avec une paire d'haltères en mains, effectuer une traction des bras, les coudes serrés le long du corps pour amener les mains au contact des hanches (photos **141** et **142**).

141

142

Variante

• *Tirage serré d'un bras (rowing)* (photo **143**) : même mouvement que le précédent, mais effectué avec un seul bras et en fente.

Précautions

Garder le dos plat.

Contre-indications

Lombalgie.

Muscles sollicités

Spinaux, angulaire de l'omoplate, sus-épineux, rhomboïde, trapèze, sous-épineux, petit rond, grand rond avec prédominance de la partie basse du grand dorsal.

Respiration

Expirer par la bouche à la traction, inspirer par le nez au retour.

143

SPORTS CONCERNÉS

- Sports nautiques, sports de combat (judo, lutte).
- Gymnastique, sports équestres et sports sur roues (au niveau du renforcement de la colonne cervicale, dorsale et lombaire).
- Jeux sur court, jeux d'équipe (sauf football).

ADDUCTION DES BRAS LE LONG DU CORPS (SKI) AVEC PETITS HALTÈRES

144

145

Modalités d'exécution

Jambes écartées, buste à l'horizontale, bras tendus avec une paire d'haltères en mains, effectuer une élévation (adduction des bras le long du corps) des bras tendus jusqu'à ce qu'ils arrivent au-dessus, à l'horizontale (photos **144** et **145**).

Variante

• *Adduction d'un bras tendu le long du corps (ski)* (photo **146**).

Précautions

Garder le dos plat.

Contre-indications

Lombalgie.

Muscles sollicités

Spinaux, angulaire de l'omoplate, sus-épineux, rhomboïde, trapèze, sous-épineux, petit rond, grand rond, grand dorsal.

Respiration

Expirer par la bouche à l'adduction (montée), inspirer par le nez au retour.

146

SPORTS CONCERNÉS

- Sports nautiques, sports de combat (judo, lutte).
- Gymnastique, sports équestres et sports sur roues (au niveau du renforcement de la colonne cervicale, dorsale et lombaire).
- Jeux sur court, jeux d'équipe (sauf football).

TIRAGE PRISE LARGE AVEC PETITE BARRE

Modalités d'exécution
Jambes écartées, buste à l'horizontale, bras tendus avec une barre en mains (pronation), effectuer une traction des bras, les coudes écartés pour amener la barre au contact de la poitrine (photos **147** et **148**).

Précautions
Voir exercice précédent.

Contre-indications
Voir exercice précédent.

Muscles sollicités
Voir exercice précédent.

Respiration
Expirer par la bouche à la traction.

147

148

SPORTS CONCERNÉS

- Sports nautiques, sports de combat (judo, lutte).
- Gymnastique, sports équestres et sports sur roues (au niveau du renforcement de la colonne cervicale, dorsale et lombaire).
- Jeux sur court, jeux d'équipe (sauf football).

TIRAGE SERRÉ AVEC PETITE BARRE

Modalités d'exécution
Jambes écartées, buste à l'horizontale, bras tendus avec la barre en mains (supination), effectuer une traction des bras, les coudes le long du corps pour amener les mains au contact des hanches (photos **149** et **150**).

Précautions
Garder le dos plat.

Contre-indications
Lombalgie.

Muscles sollicités
Spinaux, angulaire de l'omoplate, sus-épineux, rhomboïde, trapèze, sous-épineux, petit rond, grand rond avec prédominance de la partie basse du grand dorsal.

Respiration
Expirer par la bouche à la traction, inspirer par le nez au retour.

SPORTS CONCERNÉS

- Sports nautiques, sports de combat (judo, lutte).
- Gymnastique, sports équestres et sports sur roues (au niveau du renforcement de la colonne cervicale, dorsale et lombaire).
- Jeux sur court, jeux d'équipe (sauf football).

149

150

TIRAGE AVEC BARRE ENTRE LES JAMBES

Modalités d'exécution
Buste à l'horizontale, une barre entre les jambes avec une extrémité sur un point fixe, prise de mains près de la charge, amener les mains au contact de l'estomac (photos **151** et **152**).

Précautions
Garder le dos plat et ne pas donner d'à-coups à la traction.

Contre-indications
Lombalgie.

Muscles sollicités
Spinaux, angulaire de l'omoplate, sus-épineux, rhomboïde, trapèze, sous-épineux, petit rond, grand rond, grand dorsal.

Respiration
Expirer par la bouche pendant la traction, inspirer par le nez au retour.

SPORTS CONCERNÉS

- Sports nautiques, sports de combat (judo, lutte).
- Gymnastique, sports équestres et sports sur roues (au niveau du renforcement de la colonne cervicale, dorsale et lombaire).
- Jeux sur court, jeux d'équipe (sauf football).

151

152

ÉLÉVATION DES BRAS, BARRE DERRIÈRE LES CUISSES

Modalités d'exécution
Jambes écartées, buste à l'horizontale, barre derrière les cuisses avec une prise de mains en pronation (paumes face au plafond) à largeur d'épaules, effectuer une élévation (adduction des bras le long du corps) des bras tendus jusqu'à ce qu'ils arrivent au-dessus, à l'horizontale (photos **153** et **154**).

Précautions
Garder le dos plat et éviter le balancement des bras.

Contre-indications
Lombalgie.

Muscles sollicités
Spinaux, angulaire de l'omoplate, sus-épineux, rhomboïde, trapèze, sous-épineux, petit rond, grand rond, grand dorsal.

Respiration
Expirer par la bouche à l'adduction (élévation), inspirer par le nez au retour.

SPORTS CONCERNÉS

- Sports nautiques, sports de combat (judo, lutte).
- Gymnastique, sports équestres et sports sur roues (du niveau au renforcement de la colonne cervicale, dorsale et lombaire).
- Jeux sur court, jeux d'équipe (sauf football).

153

154

GYM ATHLÉTIQUE

TRACTION LATÉRALE

Modalités d'exécution
Une prise de mains latérale avec le bras tendu sur un barreau d'espalier ou une barre de danse, les pieds réunis à la verticale de la main, effectuer une traction du bras jusqu'à ce que le corps se trouve dans l'aplomb (photos **155** et **156**).

Précautions
Garder la rectitude du corps pendant l'évolution du mouvement.

Muscles sollicités
Spinaux, angulaire de l'omoplate, sus-épineux, rhomboïde, trapèze, sous-épineux, petit rond, grand rond, grand dorsal, biceps brachial.

Respiration
Expirer par la bouche à la traction, inspirer par le nez au retour.

SPORTS CONCERNÉS

- Sports nautiques, sports de combat (judo, lutte).
- Gymnastique, sports équestres et sports sur roues (au niveau du renforcement de la colonne cervicale, dorsale et lombaire).
- Jeux sur court, jeux d'équipe (sauf football).

155

156

TRACTION HORIZONTALE, PRISE LARGE

Modalités d'exécution
Pieds réunis sur un banc, les mains prises à largeur d'épaules sur une barre de danse ou un support quelconque. Bras tendus, le corps à l'horizontale, effectuer une traction des bras, les coudes écartés pour amener la barre au contact de la poitrine (photos **157** et **158**).

Précautions
Pendant toute l'exécution du mouvement, garder le corps tendu.

Muscles sollicités
Spinaux, angulaire de l'omoplate, sus-épineux, rhomboïde, trapèze, sous-épineux, petit rond, grand rond, grand dorsal et biceps brachial.

Respiration
Expirer par la bouche à la traction, inspirer par le nez au retour.

SPORTS CONCERNÉS

- Sports nautiques, sports de combat (judo, lutte).
- Gymnastique, sports équestres et sports sur roues (au niveau du renforcement de la colonne cervicale, dorsale et lombaire).
- Jeux sur court, jeux d'équipe (sauf football).

157

158

TRACTION HORIZONTALE, PRISE ÉTROITE

Modalités d'exécution
Pieds au sol, buste à l'horizontale, prise de mains en supination sur une barre, avec les bras tendus, effectuer une traction des bras, les coudes serrés au corps pour amener la barre à la base des côtes (photo **159**).

Variante
• *Traction horizontale, prise étroite, pieds surélevés* (photo **160**).

Précautions
Garder le dos plat.

Muscles sollicités
Spinaux, angulaire de l'omoplate, sus-épineux, rhomboïde, trapèze, sous-épineux, petit rond, grand rond, grand dorsal.

Respiration
Expirer par la bouche à la traction, inspirer par le nez au retour.

SPORTS CONCERNÉS

- Sports nautiques, sports de combat (judo, lutte).
- Gymnastique, sports équestres et sports sur roues (au niveau du renforcement de la colonne cervicale, dorsale et lombaire).
- Jeux sur court, jeux d'équipe (sauf football).

159

160

TRACTION BARRE FIXE, PRISE ÉTROITE

Modalités d'exécution
En suspension à une barre fixe, les mains en supination prises à largeur d'épaules, effectuer une traction des bras, les coudes au corps pour amener la barre au contact de la poitrine (photos **161** et **162**).

Précautions
Effectuer le mouvement sur une grande amplitude.

Muscles sollicités
Spinaux, angulaire de l'omoplate, sus-épineux, rhomboïde, trapèze, sous-épineux, petit rond, grand rond et prédominance du grand dorsal.

Respiration
Expirer par la bouche à la traction, inspirer par le nez au retour.

SPORTS CONCERNÉS

- Sports nautiques, sports de combat (judo, lutte).
- Gymnastique, sports équestres et sports sur roues (au niveau du renforcement de la colonne cervicale, dorsale et lombaire).
- Jeux sur court, jeux d'équipe (sauf football).

161

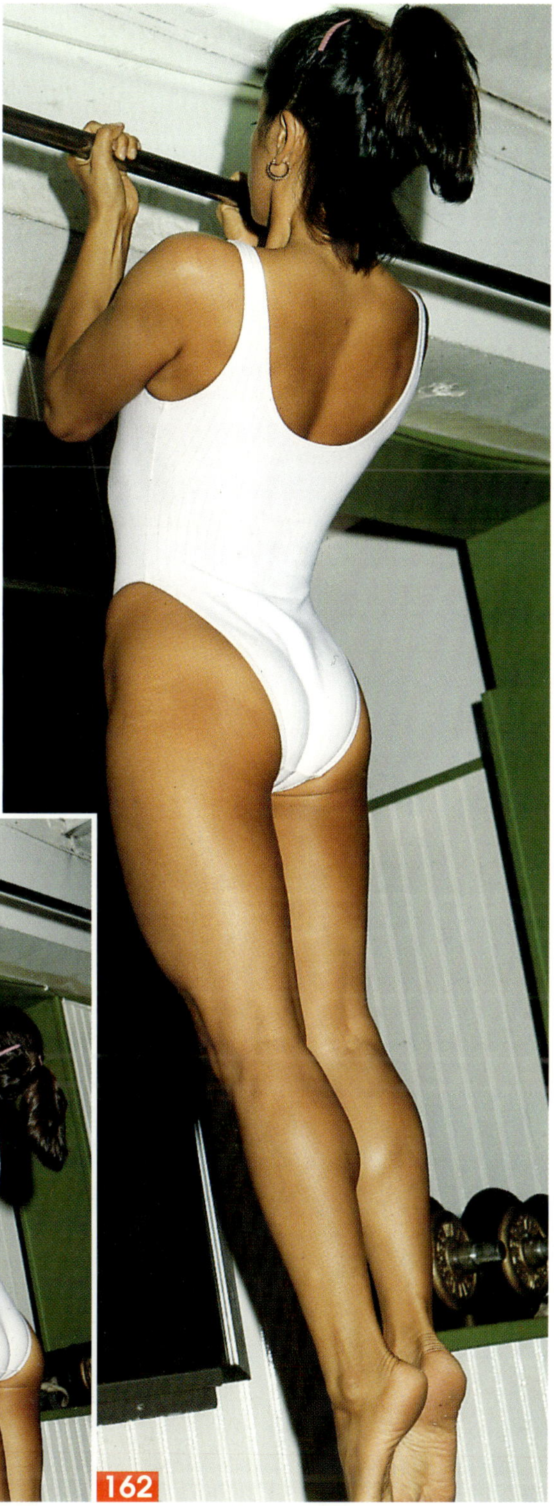

162

TRACTION BARRE FIXE, JAMBES À L'ÉQUERRE

Modalités d'exécution
En suspension à la barre fixe, mains en supination prises à largeur d'épaules, les jambes tendues et réunies à l'horizontale, effectuer une traction des bras, les coudes au corps pour amener le menton au-dessus de la barre (photos **163** et **164**).

Muscles sollicités
Spinaux, angulaire de l'omoplate, sus-épineux, rhomboïde, trapèze, sous-épineux, petit rond, grand rond, grand dorsal.

Respiration
Expirer par la bouche à la traction, inspirer par le nez au retour.

163

164

SPORTS CONCERNÉS

- Sports nautiques, sports de combat (judo, lutte).
- Gymnastique, sports équestres et sports sur roues (au niveau du renforcement de la colonne cervicale, dorsale et lombaire).
- Jeux sur court, jeux d'équipe (sauf football).

TRACTION BARRE FIXE SUR POIGNÉE

Modalités d'exécution

En suspension sur une poignée placée en travers d'une barre fixe, effectuer une traction coudes au corps, avec projection du buste en arrière, pour amener le sternum au niveau des mains (photos **165** et **166**).

Muscles sollicités

Voir exercice précédent.

Respiration

Voir exercice précédent.

SPORTS CONCERNÉS

- Sports nautiques, sports de combat (judo, lutte).
- Gymnastique, sports équestres et sports sur roues (au niveau du renforcement de la colonne cervicale, dorsale et lombaire).
- Jeux sur court, jeux d'équipe (sauf football).

165

166

TRACTION BARRE CLASSIQUE

Modalités d'exécution
Les mains placées sur l'une des différentes prises, effectuer une traction des bras en projetant le buste en avant (photos **167** et **168**).

Muscles sollicités
Voir exercice p. 98.

Respiration
Voir exercice p. 98.

167

168

SPORTS CONCERNÉS

- Sports nautiques, sports de combat (judo, lutte).
- Gymnastique, sports équestres et sports sur roues (au niveau du renforcement de la colonne cervicale, dorsale et lombaire).
- Jeux sur court, jeux d'équipe (sauf football).

169

TRACTION BARRE FIXE/NUQUE

Modalités d'exécution
En suspension à la barre fixe avec une prise de mains très large, les mains en pronation, effectuer une traction des bras, les coudes écartés pour amener la barre au contact de la nuque (photo **169**).

Précautions
Effectuer le mouvement sans élan et sans balancement des jambes.

Muscles sollicités
Spinaux, angulaire de l'omoplate, sus-épineux, rhomboïde, trapèze, sous-épineux, petit rond, grand rond, grand dorsal.

Respiration
Expirer par la bouche à la traction, inspirer par le nez au retour.

SPORTS CONCERNÉS

- Sports nautiques, sports de combat (judo, lutte).
- Gymnastique, sports équestres et sports sur roues (au niveau du renforcement de la colonne cervicale, dorsale et lombaire).
- Jeux sur court, jeux d'équipe (sauf football).

TRACTION BARRE FIXE DEVANT

Modalités d'exécution

Même mouvement que le précédent mais en amenant la barre au contact de la poitrine (photo **170**).

Précautions

Voir exercice précédent.

Muscles sollicités

Spinaux, angulaire de l'omoplate, sus-épineux, rhomboïde, trapèze, sous-épineux, petit rond, grand rond, grand dorsal et grands dentelés.

Respiration

Voir exercice précédent.

170

SPORTS CONCERNÉS

- Sports nautiques, sports de combat (judo, lutte).
- Gymnastique, sports équestres et sports sur roues (au niveau du renforcement de la colonne cervicale, dorsale et lombaire).
- Jeux sur court, jeux d'équipe (sauf football).

TRACTION BARRE FIXE AVEC AIDE À GENOUX

Modalités d'exécution
Identiques à celles des 3 mouvements précédents, mais avec les genoux placés sur un plateau permettant de diminuer le poids du corps (photo **171**).

Précautions
Voir exercice p. 101.

Muscles sollicités
Voir exercice p. 101.

Respiration
Voir exercice p. 101.

171

SPORTS CONCERNÉS

- Sports nautiques, sports de combat (judo, lutte).
- Gymnastique, sports équestres et sports sur roues (au niveau du renforcement de la colonne cervicale, dorsale et lombaire).
- Jeux sur court, jeux d'équipe (sauf football).

TRACTION BARRE FIXE AVEC AIDE DEBOUT

Modalités d'exécution
Même mouvement que le précédent mais en appui sur les pieds (photo **172**).

Précautions
Position préférable pour les lombalgies.

Muscles sollicités
Voir exercice p. 101.

Respiration
Voir exercice p. 101.

172

SPORTS CONCERNÉS

- Sports nautiques, sports de combat (judo, lutte).
- Gymnastique, sports équestres et sports sur roues (au niveau du renforcement de la colonne cervicale, dorsale et lombaire).
- Jeux sur court, jeux d'équipe (sauf football).

MUSCULATION AVEC APPAREILS

TRACTION HORIZONTALE SUR MACHINE

Modalités d'exécution

Assis, en général le buste en appui, effectuer un débrayage au pied pour atteindre bras tendus les poignées de traction, puis exécuter une traction des bras jusqu'à ce que les mains arrivent à la base des côtes (photos **173** et **174**).

173

174

Variante
• *Traction horizontale sur machine à air* (photo **175**).

Précautions
Pour éviter que l'appui du buste supporte entièrement le poids de la charge, prendre un bon appui sur les pieds et sortir la cage thoracique.

Contre-indications
Aucune, actuellement la majorité des machines présentent un maximum de sécurité. De plus, les machines à air offrent la possibilité d'un travail en souplesse.

Muscles sollicités
Spinaux, angulaire de l'omoplate, sus-épineux, rhomboïde, trapèze, sous-épineux, petit rond, grand rond, grand dorsal.

Respiration
Expirer par la bouche à la traction, inspirer par le nez au retour.

175

SPORTS CONCERNÉS

- Sports nautiques, sports de combat (judo, lutte).
- Gymnastique, sports équestres et sports sur roues (au niveau du renforcement de la colonne cervicale, dorsale et lombaire).
- Jeux sur court, jeux d'équipe (sauf football).

TRACTION HORIZONTALE SUR MACHINE MULTI-PRISES

Modalités d'exécution
Assis avec le même appui du buste que pour les mouvements précédents, après débrayage au pied pour atteindre, bras tendus au choix, les poignées de traction, exécuter une flexion des bras jusqu'à ce que les mains arrivent à la base des côtes (photo **176**).

176

Précautions
Éviter l'appui complet du buste sur le support placé à cet effet, en prenant un bon appui sur les pieds et en sortant la cage thoracique.

Contre-indications
Aucune, car cet appareil permet grâce à ses possibilités multi-prises, non seulement une localisation musculaire différente selon la position de mains choisie, mais aussi par ce choix d'éradiquer certaines douleurs articulaires.

Muscles sollicités
Selon la position de la main, certains muscles sont plus sollicités que d'autres. Par exemple, les mains en pronation localiseront plus particulièrement l'angulaire de l'omoplate, le sous-épineux, le petit rond et le grand rond. Les mains parallèles avec leurs paumes face à face, sollicitent plus la partie basse du grand dorsal. Mais, dans l'ensemble, les muscles spinaux, angulaire de l'omoplate, sus-épineux, rhomboïde, trapèze, sous-épineux, petit rond, grand rond et grand dorsal sont contractés.

Respiration
Expirer par la bouche à la traction, inspirer par le nez au retour.

SPORTS CONCERNÉS

- Sports nautiques, sports de combat (judo, lutte).
- Gymnastique, sports équestres et sports sur roues (au niveau du renforcement de la colonne cervicale, dorsale et lombaire).
- Jeux sur court, jeux d'équipe (sauf football).

TRACTION HORIZONTALE SUR APPAREIL À EXCENTRATION

Modalités d'exécution

Assis avec le même appui du buste que pour les mouvements précédents, après débrayage au pied pour atteindre les poignées de traction, exécuter une flexion des bras jusqu'à ce que les mains arrivent à la base des côtes (photos **177** et **178**).

Précautions

Éviter l'appui complet du buste sur le support placé à cet effet en prenant un bon appui sur les pieds et en sortant la cage thoracique.

Contre-indications

Aucune. Cet appareil permet grâce à son excentration de donner plus d'amplitude au mouvement.

Muscles sollicités

L'excentration permet une localisation plus étendue. Dans l'ensemble les muscles spinaux, angulaire de l'omoplate, sus-épineux, rhomboïde, trapèze, sous-épineux, petit rond, grand rond et grand dorsal sont sollicités.

Respiration

Expirer par la bouche à la traction, inspirer par le nez au retour.

177

178

SPORTS CONCERNÉS

- Sports nautiques, sports de combat (judo, lutte).
- Gymnastique, sports équestres et sports sur roues (au niveau du renforcement de la colonne cervicale, dorsale et lombaire).
- Jeux sur court, jeux d'équipe (sauf football).

TRACTION HORIZONTALE SUR MACHINE ÉLECTRONIQUE

Modalités d'exécution
Même mouvement que l'exercice précédent, en position assise (photo **179**).

Contre-indications
Lombalgie.

Muscles sollicités
Dans l'ensemble les muscles spinaux, angulaire de l'omoplate, sus-épineux, rhomboïde, trapèze, sous-épineux, petit rond, grand rond et grand dorsal sont sollicités.

Respiration
Expirer par la bouche à la traction, inspirer par le nez au retour.

SPORTS CONCERNÉS

- Sports nautiques, sports de combat (judo, lutte).
- Gymnastique, sports équestres et sports sur roues (au niveau du renforcement de la colonne cervicale, dorsale et lombaire).
- Jeux sur court, jeux d'équipe (sauf football).

179

TRACTION HORIZONTALE (BRAS ET JAMBES) SUR RAMEUR ATHLÉTIQUE À AIR

Modalités d'exécution
Même mouvement que le précédent en position assise mais avec la possibilité de solliciter également les membres inférieurs (photo **180**).

Contre-indications
Lombalgie.

Muscles sollicités
Dans l'ensemble les muscles spinaux, angulaire de l'omoplate, sus-épineux, rhomboïde, trapèze, sous-épineux, petit rond, grand rond et grand dorsal sont sollicités ainsi que ceux des membres inférieurs, des lombaires et des abdominaux.

Respiration
Expirer par la bouche à la traction, inspirer par le nez au retour.

SPORTS CONCERNÉS

- Sports nautiques, sports de combat (judo, lutte).
- Gymnastique, sports équestres et sports sur roues (au niveau du renforcement de la colonne cervicale, dorsale et lombaire).
- Jeux sur court, jeux d'équipe (sauf football).

180

TRACTION VERTICALE AVANT

Modalités d'exécution
Assis, bien adossé, après un débrayage au pied pour atteindre les poignées, effectuer une traction pour amener les mains au niveau des épaules (photo **181**).

Muscles sollicités
Spinaux, angulaire de l'omoplate, sus-épineux, rhomboïde, trapèze, sous-épineux, petit rond, grand rond, grand dorsal.

Respiration
Expirer par la bouche à la traction, inspirer par le nez au retour.

SPORTS CONCERNÉS

- Sports nautiques, sports de combat (judo, lutte).
- Gymnastique, sports équestres et sports sur roues (au niveau du renforcement de la colonne cervicale, dorsale et lombaire).
- Jeux sur court, jeux d'équipe (sauf football).

181

TRACTION VERTICALE NUQUE SUR MACHINE À AIR

Modalités d'exécution
Assis de face, effectuer une traction pour amener les mains au niveau des épaules (photo **182**).

Précautions et contre-indications
Aucune. Cet appareil à air avec système de poulie permet un travail en douceur et sans à-coup.

Muscles sollicités
Spinaux, angulaire de l'omoplate, sus-épineux, rhomboïde, trapèze, sous-épineux, petit rond, grand rond, grand dorsal.

Respiration
Expirer par la bouche à la traction, inspirer par le nez au retour.

SPORTS CONCERNÉS

- Sports nautiques, sports de combat (judo, lutte).
- Gymnastique, sports équestres et sports sur roues (au niveau du renforcement de la colonne cervicale, dorsale et lombaire).
- Jeux sur court, jeux d'équipe (sauf football).

182

TRACTION VERTICALE MACHINE ÉLECTRONIQUE

Modalités d'exécution
Assis de dos, effectuer une traction au niveau des épaules (photo **183**).

Précautions
Voir exercice précédent.

Contre-indications
Voir exercice précédent.

Muscles sollicités
Voir exercice précédent.

Respiration
Voir exercice précédent.

183

SPORTS CONCERNÉS

- Sports nautiques, sports de combat (judo, lutte).
- Gymnastique, sports équestres et sports sur roues (au niveau du renforcement de la colonne cervicale, dorsale et lombaire).
- Jeux sur court, jeux d'équipe (sauf football).

TIRAGE VERTICAL SUR APPAREIL À EXCENTRATION

Modalités d'exécution
Assis face à l'appareil, les mains dans les poignées de traction, exécuter une traction des bras jusqu'à ce que les mains arrivent au niveau des épaules (photos **184** et **185**).

Précautions
Cet appareil permet une traction dynamique avec un retour lent.

Contre-indications
Aucune. De plus l'excentration donne plus d'amplitude au mouvement.

Muscles sollicités
Localisation plus étendue grâce à l'excentration. Sont sollicités dans leur ensemble les muscles spinaux, angulaire de l'omoplate, sus-épineux, rhomboïde, trapèze, sous-épineux, petit rond, grand rond et grand dorsal.

Respiration
Expirer par la bouche à la traction, inspirer par le nez au retour.

184

185

SPORTS CONCERNÉS

- Sports nautiques, sports de combat (judo, lutte).
- Gymnastique, sports équestres et sports sur roues (au niveau du renforcement de la colonne cervicale, dorsale et lombaire).
- Jeux sur court, jeux d'équipe (sauf football).

ADDUCTION LATÉRALE SUR MACHINE

Modalités d'exécution
Bien adossé à l'appareil, les coudes sur les rouleaux, effectuer une adduction des bras (photo **186**).

Muscles sollicités
Spinaux, angulaire de l'omoplate, sus-épineux, rhomboïde, trapèze, sous-épineux, petit rond, grand rond, grand dorsal.

Respiration
Expirer par la bouche à l'adduction (abaissement latéral des bras), inspirer par le nez au retour.

186

SPORTS CONCERNÉS

- Sports nautiques, sports de combat (judo, lutte).
- Gymnastique, sports équestres et sports sur roues (au niveau du renforcement de la colonne cervicale, dorsale et lombaire).
- Jeux sur court, jeux d'équipe (sauf football).

ROWING SUR CADRE GUIDE

Modalités d'exécution

Buste à l'horizontale, dos plat, jambes légèrement fléchies, bras tendus avec les mains sur les poignées du cadre guide, effectuer une traction en montant les coudes le plus haut possible (photos **187** et **188**).

Précautions

Maintenir le dos plat et au même niveau.

Contre-indications

Lombalgie.

Muscles sollicités

Spinaux, angulaire de l'omoplate, sus-épineux, rhomboïde, trapèze, sous-épineux, petit rond, grand rond, grand dorsal.

Respiration

Expirer par la bouche à la traction, inspirer par le nez au retour.

SPORTS CONCERNÉS

- Sports nautiques, sports de combat (judo, lutte).
- Gymnastique, sports équestres et sports sur roues (au niveau du renforcement de la colonne cervicale, dorsale et lombaire).
- Jeux sur court, jeux d'équipe (sauf football).

187

188

ROWING LARGE SUR BARRE GUIDÉE

Modalités d'exécution

Dos plat, jambes écartées et légèrement fléchies, bras tendus avec une prise large des mains en pronation sur la barre guidée, effectuer une traction en montant les coudes le plus haut possible (photos **189** et **190**).

189

190

Variante

• *Rowing serré sur barre guidée* (photo **191**) : dos plat, jambes écartées et légèrement fléchies, bras tendus avec une prise serrée des mains en supination sur la barre guidée, effectuer une traction en montant les coudes le plus haut possible.

Précautions

Voir exercice précédent.

Contre-indications

Voir exercice précédent.

Muscles sollicités

Voir exercice précédent.

Respiration

Voir exercice précédent.

SPORTS CONCERNÉS

- Sports nautiques, sports de combat (judo, lutte).
- Gymnastique, sports équestres et sports sur roues (au niveau du renforcement de la colonne cervicale, dorsale et lombaire).
- Jeux sur court, jeux d'équipe (sauf football).

191

■ MUSCULATION BARRE ET HALTÈRES

TRACTION HORIZONTALE LARGE À LA BARRE (ROWING)

Modalités d'exécution
Penché en avant, jambes écartées, bras tendus avec prise large des mains en pronation sur la barre, effectuer une traction des bras pour amener la barre au contact de la poitrine (photos **192** et **193**).

Variante
• *Traction horizontale serrée à la barre (rowing)* (photos **194** et **195**) : penché en avant, jambes écartées, bras tendus avec prise serrée des mains en supination sur la barre, effectuer une traction des bras pour amener la barre au contact de la poitrine.

Précautions
Fléchir légèrement les jambes et maintenir le dos plat. Éviter de donner des à-coups.

Contre-indications
Douleurs lombaires.

Muscles sollicités
Spinaux, angulaire de l'omoplate, sus-épineux, rhomboïde, trapèze, sous-épineux, petit rond, grand rond, grand dorsal.

Respiration
Expirer par la bouche à la traction, inspirer par le nez au retour.

SPORTS CONCERNÉS

- Sports nautiques, sports de combat (judo, lutte).
- Gymnastique, sports équestres et sports sur roues (au niveau du renforcement de la colonne cervicale, dorsale et lombaire).
- Jeux sur court, jeux d'équipe (sauf football).

194

195

TRACTION HORIZONTALE BARRE AVEC BUSTE EN APPUI

Modalités d'exécution
Le buste en appui sur le banc à dorsaux, bras tendus avec les mains en pronation sur la barre, effectuer une traction des bras pour amener la barre au contact de la poitrine (photos **196** et **197**).

Précautions
Voir exercice précédent.

Contre-indications
Voir exercice précédent.

Muscles sollicités
Voir exercice précédent.

Respiration
Voir exercice précédent.

SPORTS CONCERNÉS

- Sports nautiques, sports de combat (judo, lutte).
- Gymnastique, sports équestres et sports sur roues (au niveau du renforcement de la colonne cervicale, dorsale et lombaire).
- Jeux sur court, jeux d'équipe (sauf football).

196

197

TRACTION AVEC BARRE ENTRE LES JAMBES

Modalités d'exécution
Buste à l'horizontale, jambes légèrement fléchies, bras tendus les mains sur la barre, effectuer une traction des bras pour amener la barre au contact de la poitrine (photos **198** et **199**).

Précautions
Voir exercice p. 120.

Contre-indications
Voir exercice p. 120.

Muscles sollicités
Voir exercice p. 120.

Respiration
Voir exercice p. 120.

SPORTS CONCERNÉS

- Sports nautiques, sports de combat (judo, lutte).
- Gymnastique, sports équestres et sports sur roues (au niveau du renforcement de la colonne cervicale, dorsale et lombaire).
- Jeux sur court, jeux d'équipe (sauf football).

198

199

ÉLÉVATION DES BRAS, BARRE DERRIÈRE LES CUISSES

Modalités d'exécution
Jambes écartées, buste à l'horizontale, la barre derrière les cuisses avec une prise large en pronation, élever les bras tendus au-dessus de l'horizontale (photos **200** et **201**).

Précautions
Garder le dos plat et effectuer le mouvement sans élan.

Contre-indications
Problèmes lombaires.

Muscles sollicités
Spinaux, angulaire de l'omoplate, sus-épineux, rhomboïde, trapèze, sous-épineux, petit rond, grand rond, grand dorsal.

Respiration
Expirer par la bouche à l'élévation, inspirer par le nez au retour.

200

201

SPORTS CONCERNÉS

- Sports nautiques, sports de combat (judo, lutte).
- Gymnastique, sports équestres et sports sur roues (au niveau du renforcement de la colonne cervicale, dorsale et lombaire).
- Jeux sur court, jeux d'équipe (sauf football).

TRACTION HORIZONTALE À DEUX BRAS AVEC HALTÈRES (ROWING)

Modalités d'exécution
Buste à l'horizontale, jambes écartées, bras tendus avec les haltères en mains, effectuer une traction des bras pour amener les haltères au contact des côtes (photos **202** et **203**).

Variante
• *Traction horizontale d'un bras avec haltère* (photos **204** et **205**) : buste à l'horizontale, la main et la jambe du même côté en appui sur un banc, l'autre jambe écartée, le bras qui travaille tendu avec un haltère en main, effectuer une traction du bras, le coude au corps, en l'amenant au-dessus à l'horizontale.

Précautions
Voir exercice précédent.

Contre-indications
Voir exercice précédent.

Muscles sollicités
Voir exercice précédent.

Respiration
Voir exercice précédent.

202

203

SPORTS CONCERNÉS

- Sports nautiques, sports de combat (judo, lutte).
- Gymnastique, sports équestres et sports sur roues (au niveau du renforcement de la colonne cervicale, dorsale et lombaire).
- Jeux sur court, jeux d'équipe (sauf football).

204

205

ÉLÉVATION D'UN BRAS LE LONG DU CORPS

Modalités d'exécution
Jambes écartées, buste à l'horizontale, un bras tendu avec un haltère en main, l'autre main en appui sur la cuisse opposée, élever le bras tendu le long du corps pour l'amener au-dessus à l'horizontale (photos **206** et **207**).

Variante
• *Élévation des bras le long du corps (ski)* (photos **208** et **209**) : même mouvement que le précédent mais avec les deux bras.

Précautions
Garder le dos plat et effectuer le mouvement sans élan.

Contre-indications
Problèmes lombaires.

Muscles sollicités
Spinaux, angulaire de l'omoplate, sus-épineux, rhomboïde, trapèze, sous-épineux, petit rond, grand rond, grand dorsal.

Respiration
Expirer par la bouche à l'élévation, inspirer par le nez au retour.

206

207

208

209

SPORTS CONCERNÉS

- Sports nautiques, sports de combat (judo, lutte).
- Gymnastique, sports équestres et sports sur roues (au niveau du renforcement de la colonne cervicale, dorsale et lombaire).
- Jeux sur court, jeux d'équipe (sauf football).

■ MUSCULATION AVEC POULIES

TRACTION VERTICALE BARRE/NUQUE

Modalités d'exécution
Assis face à la poulie, les cuisses maintenues sous les rouleaux, les bras tendus avec les mains en pronation aux extrémités de la barre de traction, fléchir les bras pour amener la barre sur la nuque (photos **210** et **211**).

Variantes
• *Traction verticale barre devant prise large* (photo **212**) : assis face à la poulie, les cuisses maintenues sous les rouleaux, les bras tendus avec les mains en pronation aux extrémités de la barre de traction, fléchir les bras pour amener la barre sur le haut de la poitrine.
• *Traction verticale barre devant prise serrée* (photo **213**) : assis face à la poulie, les cuisses maintenues sous les rouleaux, les bras tendus avec les mains en supination sur la barre de traction, fléchir les bras pour amener la barre sur le haut de la poitrine.
• *Traction verticale avant ou arrière paume des mains face à face* (photo **214**) : assis face à la poulie, les cuisses maintenues sous les rouleaux, les bras tendus avec les mains sur la barre, les paumes face à face, fléchir les bras pour amener la barre soit sur le haut de la poitrine ou sur la nuque.

Précautions
Pencher le buste en avant, envoyer les coudes en arrière et effectuer le mouvement sans élan pour éviter des problèmes au niveau des vertèbres dorsales.

210

211

Muscles sollicités
Spinaux, angulaire de l'omoplate, sus-épineux, rhomboïde, trapèze, sous-épineux, petit rond, grand rond, grand dorsal.

Respiration
Expirer par la bouche à la traction, inspirer par le nez au retour.

212

SPORTS CONCERNÉS

- Sports nautiques, sports de combat (judo, lutte).
- Gymnastique, sports équestres et sports sur roues (au niveau du renforcement de la colonne cervicale, dorsale et lombaire).
- Jeux sur court, jeux d'équipe (sauf football).

213

214

TRACTION HORIZONTALE COMPLÈTE AVEC PRISE DE MAINS INDÉPENDANTE

Modalités d'exécution
Face aux poulies basses munies de poignées, le buste à l'horizontale, les jambes écartées, les bras tendus devant, effectuer une traction pour amener les mains au niveau de la poitrine (photos **215** et **216**).

Précautions
En cas de faiblesse des lombaires, effectuer le mouvement les jambes légèrement fléchies.

215

Contre-indications
Douleurs lombaires.

Muscles sollicités
Spinaux, angulaire de l'omoplate, sus-épineux, rhomboïde, trapèze, sous-épineux, petit rond, grand rond, grand dorsal.

Respiration
Expirer par la bouche à la traction, inspirer par le nez au retour.

216

SPORTS CONCERNÉS

- Sports nautiques, sports de combat (judo, lutte).
- Gymnastique, sports équestres et sports sur roues (au niveau du renforcement de la colonne cervicale, dorsale et lombaire).
- Jeux sur court, jeux d'équipe (sauf football).

TRACTION HORIZONTALE D'UN BRAS, DEMI-MOUVEMENT AVANT

217

218

Modalités d'exécution

Face à la poulie basse, le buste à l'horizontale, les jambes écartées, le bras tendu devant, la main dans une poignée, effectuer une adduction pour amener le bras perpendiculaire au sol (photos **217** et **218**).

Variante
• *Traction horizontale d'un bras, demi-mouvement arrière* (photos **219** et **220**) : face à la poulie basse, le buste à l'horizontale, les jambes écartées, le bras tendu avec la poignée en main, perpendiculaire au sol, effectuer une adduction pour amener le bras au-dessus de l'horizontale.

Précautions
Effectuer le mouvement les jambes légèrement fléchies.

Contre-indications
Douleurs lombaires.

Muscles sollicités
Spinaux, angulaire de l'omoplate, sus-épineux, rhomboïde, trapèze, sous-épineux, petit rond, grand rond, grand dorsal.

Respiration
Expirer par la bouche à la traction, inspirer par le nez au retour.

219

220

SPORTS CONCERNÉS

- Sports nautiques, sports de combat (judo, lutte).
- Gymnastique, sports équestres et sports sur roues (au niveau du renforcement de la colonne cervicale, dorsale et lombaire).
- Jeux sur court, jeux d'équipe (sauf football).

TRACTION HORIZONTALE À DEUX BRAS, ASSIS, JAMBES TENDUES

Modalités d'exécution
Assis face à la poulie basse, les pieds calés, les bras tendus avec les poignées en mains, effectuer une traction des bras pour amener les poignées au bas-ventre (photos **221** et **222**).

221

222

Variante
• *Traction horizontale d'un bras, assis* (photo **223**) : assis face à la poulie basse, les pieds calés, le bras tendu avec une poignée en main, effectuer une traction du bras pour amener la main au niveau des côtes.

Précautions
Voir exercice précédent.

Contre-indications
Voir exercice précédent.

Muscles sollicités
Voir exercice précédent.

Respiration
Voir exercice précédent.

SPORTS CONCERNÉS

- Sports nautiques, sports de combat (judo, lutte).
- Gymnastique, sports équestres et sports sur roues (au niveau du renforcement de la colonne cervicale, dorsale et lombaire).
- Jeux sur court, jeux d'équipe (sauf football).

223

ADDUCTION DE FACE AVEC PRISE DE MAINS INDÉPENDANTE

Modalités d'exécution
Jambes écartées, buste à l'horizontale, face aux poulies hautes, avec les bras tendus devant, adduction jusqu'au bassin (photos **224** et **225**).

Précautions
Voir exercice p. 132.

Contre-indications
Voir exercice p. 132.

Muscles sollicités
Voir exercice p. 132.

Respiration
Voir exercice p. 132.

224

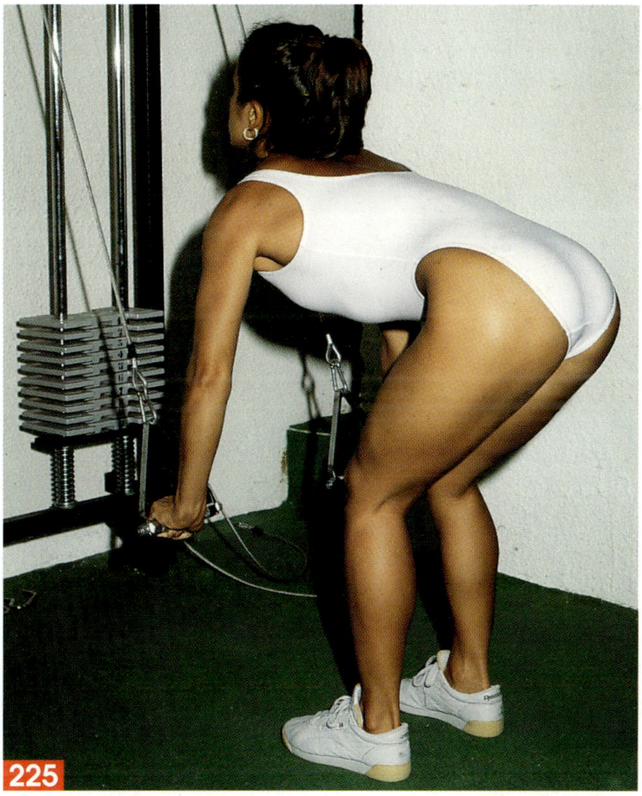
225

SPORTS CONCERNÉS

- Sports nautiques, sports de combat (judo, lutte).
- Gymnastique, sports équestres et sports sur roues (au niveau du renforcement de la colonne cervicale, dorsale et lombaire).
- Jeux sur court, jeux d'équipe (sauf football).

ASSIS, ADDUCTION ANTÉRIEURE DES BRAS

Modalités d'exécution

Assis le dos à la poulie haute, les bras tendus verticalement, les mains en pronation sur une barre, effectuer une adduction pour amener la barre au contact des cuisses.
(photos **226** et **227**).

Contre-indications

Douleurs lombaires.

Muscles sollicités

Spinaux, angulaire de l'omoplate, sus-épineux, rhomboïde, trapèze, sous-épineux, petit rond, grand rond, grand dorsal.

Respiration

Expirer par la bouche à l'adduction, inspirer par le nez au retour.

SPORTS CONCERNÉS

- Sports nautiques, sports de combat (judo, lutte).
- Gymnastique, sports équestres et sports sur roues (au niveau du renforcement de la colonne cervicale, dorsale et lombaire).
- Jeux sur court, jeux d'équipe (sauf football).

226

227

DEBOUT, ADDUCTION DE FACE D'UN BRAS

Modalités d'exécution
Debout, jambes écartées, légèrement fléchies, la main dans une poignée de poulie haute, effectuer une adduction pour amener le bras tendu le plus loin possible en arrière (photo **228**).

Contre-indications
Voir exercice précédent.

Muscles sollicités
Voir exercice précédent.

Respiration
Voir exercice précédent.

SPORTS CONCERNÉS

- Sports nautiques, sports de combat (judo, lutte).
- Gymnastique, sports équestres et sports sur roues (au niveau du renforcement de la colonne cervicale, dorsale et lombaire).
- Jeux sur court, jeux d'équipe (sauf football).

228

DEBOUT, ASSIS OU À GENOUX, ADDUCTION LATÉRALE DES BRAS

Modalités d'exécution

Aux poulies, en vis-à-vis, debout, assis ou à genoux, les bras tendus le plus haut possible, adduction latérale des bras jusqu'au contact des cuisses (photos **229**, **230** et **231**).

Muscles sollicités

Spinaux, angulaire de l'omoplate, sus-épineux, rhomboïde, trapèze, sous-épineux, petit rond, grand rond, grand dorsal.

Respiration

Expirer par la bouche à l'adduction, inspirer par le nez au retour.

SPORTS CONCERNÉS

- Sports nautiques, sports de combat (judo, lutte).
- Gymnastique, sports équestres et sports sur roues (au niveau du renforcement de la colonne cervicale, dorsale et lombaire).
- Jeux sur court, jeux d'équipe (sauf football).

229

230

231

À LIRE ÉGALEMENT
AUX ÉDITIONS DE VECCHI

CALI (S.), *Cours de body-building*, 1994.

CARMAGNINI (M.) et CIANTI (J.), *Le Body-building au féminin*, 1994.

COVA (A. M.), *Cours de stretching pour tous*, 1997.

DE MICHELI (J.), *Cours complet de stretching*, 1990.

MAZZOLI (R.), *Le Grand Livre du body-building*, 1997.

SAVOLDELLI (J.), *Le Body-building pour tous les sports*, 1995.

SAVOLDELLI (J.) et WITKOWSKI (C.), *Dix Programmes pour être toujours en forme*, 1995 ;
Préparation physique aux sports de combat, 1996.

TAUPIN (M.), *Guide de la gymnastique pour tous*, 1994.

TABLE DES MATIÈRES

Introduction .... page 7
Approche biomécanique .... » 8
Électromyostimulation .... » 9

Participation des muscles de la face antérieure et supérieure du tronc .... » 11
Myologie .... » 11
Mouvements isométriques pour les pectoraux .... » 12
Exercices pour les pectoraux .... » 15
– Fitness .... » 15
– Gym athlétique .... » 26
– Musculation avec appareils .... » 34
– Musculation avec poulies .... » 66

Participation des muscles de la face postérieure du tronc .... » 76
Myologie .... » 76
Préambule à l'entraînement .... » 78
– Exercice cardio-vasculaire .... » 78
– Étirement .... » 79
– Isométrie .... » 80
Exercices pour les dorsaux .... » 81
– Fitness .... » 81
– Gym athlétique .... » 94
– Musculation avec appareils .... » 105
– Musculation barre et haltères .... » 119
– Musculation avec poulies .... » 128

À lire également aux éditions De Vecchi .... » 141

Achevé d'imprimer en novembre 1998
à Milan, Italie,
sur les presses de Grafiche Mazzucchelli S.p.A.

Dépôt légal : novembre 1998
Numéro d'éditeur : 5562